人力资

工作分析同步训练

GONGZUO FENXI TONGBU XUNLIAN

周鹏飞 ◎主编

肖蜀奉　吴潇航　姜土生 ◎副主编

西南师範大學出版社

国家一级出版社 全国百佳图书出版单位

图书在版编目(CIP)数据

工作分析同步训练/周鹏飞主编. —重庆:西南
师范大学出版社,2013.8(2021.8重印)
　　ISBN 978-7-5621-6384-8

　　Ⅰ.①工… Ⅱ.①周… Ⅲ.①工作分析同步训练－高等学
校－教学参考资料 Ⅳ.①F241

　　中国版本图书馆 CIP 数据核字(2013)第 183464 号

人力资源管理专业教材同步训练

工作分析同步训练　　周鹏飞　主编

责任编辑:李竹君　曾　文		印　刷:重庆紫石东南印务有限公司
装帧设计:王玉菊		开　本:889mm×1194mm　1/32
出版发行:西南师范大学出版社		印　张:6
网址:www.xscbs.com		字　数:167 千
地址:重庆市北碚区天生路2号		版　次:2013 年 9 月第 1 版
邮编:400715		印　次:2021 年 8 月第 6 次印刷
电话:023-68868624		书　号:ISBN 978-7-5621-6384-8
经　　销:新华书店		定　价:23.00 元

前言 QIANYAN

自《工作分析》教材出版以来,受到广大读者和考生的喜爱和好评。与此同时,也收到了很多学习者和考生的信息反馈,他们希望能够有一本与教材配套的高质量同步训练习题书,以满足他们对自身学习能力和效果的检测,消化吸收教材中学到的知识和理念,提高理论联系实践的能力和水平。

在整个《工作分析同步训练》编写过程中,编写组始终坚持以考试大纲为基准,以掌握知识和提升能力为目标,所精选的训练题都来源于教材,同时又注重考查学习者的思维能力和深度。我们为《工作分析》教材的每一章编撰了知识网络、学习目的与要求、考核重点和同步强化训练,并根据教材编制了两套全真模拟题,同时也选择了四套历年的考试真题供广大学习者参考。本习题集有以下四个特点:

第一,考查的知识点都是考试大纲规定之要求,也是最为基础和重要的。工作分析是一门实践性和应用性很强的学科,因而在知识点的布局和考点的安排上,选择由浅入深、由易到难的逻辑顺序,选择了多样化的题型和章节考点。

第二,本书对考试基本要求、解题技巧以及题型展示与分析等学习者非常关心的问题都作了详尽的解答和分析,帮助考生做好学习本课程的定位,了解课程的性质和要求,知晓本课程考试的各种题型和解题方式,以达到事半功倍的学习效果。

第三,习题命制科学全面,采用多元命题角度,答案解析详尽,凸显新版教材在篇章结构上的改进和内容升华。本书将基础原理和专业知识紧密结合,形成精要的习题集,所选题目均具有很强的代表性。同时,为了帮助学习者在复习时做到面面俱到,我们也尽量对本书的内容做到全面涵盖,知识网络和同步强化训练能加强学习效果,提高对工作分析知识体系和应用领域的系统掌握。

第四,强调考生对知识的系统理解和灵活运用,多种题型对应不同的考查角度,注重信度和效度的统一。选择题和名词解释题着重考查考生对知识点的识记和理解能力,简答题和论述题着重考查考生对知识点的全面理解能力,案例分析题和计算题着重考查考生理论联系实践和方法应用的能力,新出现的写作题着重考查考生的专业动手实践能力。最后,两套全真模拟试题和四套往届考试真题可以帮助考生将整本书的逻辑进行整体构建,也可以提前让考生感受正式考试的气氛,利于复习的安排和心理调节。

在本书的编写过程中,感谢肖蜀奉、吴潇航和姜土生对本书的章节布局、习题编纂和审核方面所做的诸多工作。希望本习题集能为大家带来实质性的帮助!

目录 MULU

课程简介及复习指南

一、课程性质与设置目的

　　人力资源管理实践活动的开展,诸如人力资源规划、招聘与甄选、人员配置与使用、工作再设计、培训与开发、绩效评估、薪酬管理以及职业生涯规划等,都需要通过工作分析获得信息。可以说工作分析是一项非常重要的人力资源管理技术,它是人力资源管理的基石,是几乎所有人力资源管理活动的起点和依据。自学《工作分析》课程,首先要了解和把握"工作分析自学考试大纲"中明确的课程性质和目的。学习本课程的考生须先掌握《管理学原理》《人力资源管理》等相关课程的基础知识。

　　《工作分析》课程是高等教育自学考试人力资源管理专业(本科段)的一门重要的基础专业课程。其任务是指导人力资源管理专业的考生系统地学习工作分析的基本知识,熟悉工作分析和职位评价的程序,掌握工作分析的方法和技巧,并用于指导工作分析相关的实践,它应该先于其他人力资源管理专业课程开设。

　　课程内容共分为十一章,基本涵盖了工作分析的全部内容体系。各章的具体内容是:认知工作分析、工作分析的发展历史与未来趋势、工作分析方法、工作分析的组织与实施、职位描述的构建、任职资格的构建、职位说明书的编制及范例、职位评价、工作设计、工作分析质量鉴定、工作分析实践中的问题与对策。

　　课程设置的目的在于通过本课程的学习,认知工作分析在人力资源管理体系中的基础性地位和作用。考生应掌握工作分析的概念、内容、作用、程序、原则和技术,能够熟练编写职位描述和任职资格。通过本课程的学习,考生应该将理论与实践有机地结合起来,用所学的工作分析知识指导自己的人力资源管理实践,将工作分析的专业理念融入管理行为之中,提高管理的科学性和效率。

二、本课程的基本要求

　　通过本课程学习要求考生:
　　(1)能够识记和理解工作分析及其相关概念、内容;
　　(2)能够全面系统地了解工作分析研究领域,掌握其作用;
　　(3)能够运用正确的工作分析技术与调查方法,掌握真实可靠的工作分析信息资料;
　　(4)能够编写职位描述、任职资格等说明书文件;
　　(5)运用科学的工作分析方法,对岗位进行评价,提高学生分析问题、解决问题的能力。

三、本课程的学习方法

　　1.四个基本要求
　　(1)要全面细致地阅读、理解大纲和教材。应根据大纲规定的考核内容和目标,认真学习教材,全面系统地掌握基本原理、基本概念以及基本方法和技术。
　　(2)要把系统学习和重点深入结合起来。应在全面系统学习的基础上,对重点章节进行深入的探究,掌握对课程具有重要意义的概念和方法。切忌在没有全面学习教材的情况下,单独地去抓重点、背知识点,更不要在考前孤注一掷地去猜题和押题。
　　(3)要理论联系实际。工作分析是一门实践性很强的人力资源管理专业课程,它的理念和技术都可应用于管理实践当中,要学会理论联系实际,分析和解决实际问题,增强自己的动脑思考和动手实践的能力。

(4)要保证足够的学习时间。自学者应根据课程的特点和自身的实际情况,合理安排自学时间。有条件的考生最好选择去有资质的办学单位参加课程学习,课堂上教师的讲授更有利于对知识的全方位理解和掌握。

2.自学方法指导

(1)在开始阅读指定教材某一章之前,先翻阅大纲中有关这一章的考核知识点及对知识点的能力层次要求和考核目标,以便在阅读教材时做到心中有数,突出重点,有的放矢。

(2)在理解考试大纲内容的基础上,根据考核知识点和考核要求,在阅读教材时,要逐段细读,逐句推敲,集中精力,吃透每一个知识点,对基本概念必须深刻理解,对基本理论必须彻底弄清,对基本方法必须牢固掌握,并融会贯通,在头脑中形成完整的内容体系。

(3)在自学过程中,既要思考问题,也要做好阅读笔记。把教材中的基本概念、原理、方法等加以整理,这可从中加深对问题的认识、理解和记忆,以利于突出重点,并涵盖整个内容,还可以不断地提高自学能力。同时,在自学各章内容时,能够在理解的基础上加以记忆,切勿死记硬背;同时在对一些知识内容进行理解把握时,联系实际问题进行思考,从而达到深层次的认识水平。

(4)为了提高自学效果,应结合自学内容,尽可能地多看一些例题和动手做一些练习,以便更好地理解、消化和巩固所学知识,培养分析问题、解决问题的能力。在做练习之前,应认真阅读教材,按考核目标所要求的不同层次,掌握教材内容,在练习过程中对所学知识进行合理的回顾与发挥,注重理论联系实际和具体问题具体分析,解题时应注意培养逻辑性,针对问题围绕相关知识点进行层次分明的论述或推导,明确各层次间的逻辑关系。

四、试题类型和解题技巧

根据《工作分析自学考试大纲》中关于考试命题的若干规定,课程命题是根据大纲规定的考试内容和考核目标,确定考试范围和考核要求的。考试命题有较大的覆盖面。对不同能力层次要求的试题所占的比例大致是:"识记"20％;"领会"40％;"简单应用"20％;"综合应用"20％。试题难易程度分为四档:易、较易、较难、难,这四档在备份试卷中所占的比例约为2∶3∶3∶2。要注意试题的难易与能力层次是不同的概念,在各个能力层次中都可能存在不同难度的试题,请考生不要混淆。工作分析课程考试试卷可能采用的题型有:单项选择题、多项选择题、名词解释题、简答题、写作题、计算题、论述题、案例分析题等类型。各种题型的特点和解题方法如下。

1.单项选择题

单项选择题为客观性试题,由题干和四个选项(即备选答案)构成,四个选项中有一个选项是最符合题意的,选对给分,错选或多选都不给分。解答单项选择题主要应注意的有以下几点。

(1)认真审读题干,准确掌握题干的题意要求,明确题干的题意要求究竟是什么,选择答案时,要把选项与题干的题意联系起来思考,选择符合题干题意要求的选项。必须注意的是,到底选择哪个选项是根据题干的题意要求来确定,而不是根据选项的含义是否正确来确定,因为选项本身含义正确并不一定符合题干的题意要求。

(2)根据题干的题意要求,认真审读各个选项,找出干扰项予以排除。任何选择题都有干扰项,设干扰项的目的在于考核考生对知识的掌握是否准确、扎实。干扰项的特点似是而非,具有一定的迷惑性,要防止受其误导而错选。

(3)认真审读完各个选项后,排除干扰项,根据题干的题意要求,确定选择项。自学应考者一定要把各个选项都看完以后再确定答案。因为单项选择要求选择的是最符合题意的答案,如果刚看到一两个选项,似乎符合题意就确定,而最符合题意的选项都没有看到,就会错选。因此,一定要认真审读完全部选项,选出其中最符合题意的选项来。

举例说明:

例题1 维护客户关系,以保持和提升公司在客户中的形象,这是一项 （ ）

A. 职业

B. 职责

C. 职权

D. 职务

【解析】该题考查考生对工作分析及其相关概念的区分和掌握程度。B答案最符合题目的表述,这几个概念相似度很大,很多考生容易混淆,辨别不清。因而加强对教材基础知识的学习是首要条件,不能靠猜靠蒙去选择,否则很容易失分。教材中关于职责是这样定义的:为了在某个关键成果领域取得成果而完成的一系列任务的集合,它常常用任职者的行动加上行动的目标来加以表达。题目中就是"行动＋目标"的表达方式,如果看了书是比较容易做对的。

【答案】B

例题2 组织中产生员工恐惧的现实原因主要是 （ ）

A. 测量工作负荷和强度

B. 工作分析的降薪功能

C. 工作分析的减员压力

D. 对实施者缺乏信任

【解析】该题是测试考生对员工恐惧产生原因的认知。测量工作负荷和强度是最表层的行动,是最容易感触到的,因而它是产生员工恐惧的现实原因。而B和C提到的"工作分析的减员压力和降薪功能"是最深层的利益博弈,因而是产生员工恐惧的根本原因。D项提到的"对实施者缺乏信任"不是产生的原因,而是因为准备工作不充分导致的结果。

【答案】A

2. 多项选择题

多项选择题也是客观性试题,由题干和五个选项(即备选答案)构成。在五个选项中,至少有两个选项是符合题意的。选对给分,错选、漏选或多选的,该题都不给分。解答多项选择题与解答单项选择题有的方面相同,但因多项选择题比单项选择题复杂,解题更为困难,容易丢分。因此应注意的也有以下几点。

(1)认真审读题干,准确掌握题干的题意要求,明确题干的题意要求究竟是什么,选择答案时,要把选项与题干的题意联系起来思考,选择符合题干的题意要求的选项。必须注意的是,只要符合题干的题意要求的选项都是应该选择的,即不是根据选项的含义是否正确来确定,因为选项本身含义正确并不一定符合题干的题意要求,也不是在最符合题意要求或较符合题意要求的比较中来确定。

(2)根据题干的题意要求,认真审读各个选项,找出非选项予以排除。多项选择中要排除的非选项是不符合题意要求的项。各个题中的非选项是不确定的,有的题其所有选项都符合题意,没有要排除的非选项,有的是 1 个,最多是 3 个非选项,多项选择题各题选项的不确定,目的也是在于考核考生对知识的掌握是否准确、扎实。

(3)认真审读完各个选项后,去掉非选项,根据题干的题意要求,确定选择项。自学应考者一定要把各个选项都看完以后再确定答案。因为多项选择要求选择的是符合题意的答案,符合题意的选项既可能是 2 个,也可能是 3~5 个。这就要求考生将各个选项与题干的题意仔细比较,从中挑出符合题意的选项,尽力避免多选、错选或漏选。

举例说明:

例题 1　下列关于访谈法的说法中正确的有　　　　　(　　)

A. 能够简单快速地收集多方面的工作分析资料

B. 有助于与员工的沟通,缓解工作情绪

C. 有助于管理者发现问题

D. 工作成本较低

E. 搜集上手的信息往往被扭曲,失真

【解析】该题主要考查考生对访谈法概念的理解程度,访谈法是指工作分析者就某一个职位或职务面对面的询问任职者、主管、专家等人对工作的意见和看法,这种方法可对任职者的工作态度与工作动机等深层次内容有详细的了解。在教材88页中已详细阐述了它的优缺点,在本题中,考生应注意题干是要求选择表述正确的选项,而不是选择优点或者缺点,A、B、C是优点,E是缺点,但都是正确的。访谈法比较费口才、费力气,工作成本较高,因而D项表述错误,应排除。

【答案】ABCE

例题2　工作分析准备时期出现的问题主要有　　　　　（　　）

A.目的不明确

B.缺乏专业的技术或培训

C.宣传不到位

D.工作分析小组成员或被分析对象不稳定

E.信息来源不准确

【解析】该题主要考查考生对工作分析实施中的常见问题及对策的理解和认知情况。如果考生不认真熟悉教材、理解考点,是很容易选错或选漏的。工作分析实施过程分成了六个阶段:准备时期、调查时期、分析和编写时期、试用和调整时期、正式运用时期和持续改进时期。目的不明确、宣传不到位、工作分析小组成员或被分析对象不稳定属于准备时期出现的问题,B选项属于分析和编写时期出现的问题,E选项属于调查时期出现的问题,因此排除B、E。

【答案】ACD

3.名词解释题

名词解释题属于主观性试题,这种题型一般针对学科中的基本概念、专业名词进行命题。主要考核考生的识记、理解能力。答案要简明、概括、准确,但也不要遗漏一些基本内容,回答不全也会失分。一般分值在3～5分之间,可适当简要扩展。

对于名词解释题的答题技巧,要把握概念的中心词,一般一个概念有 2～3 个中心词,一个中心词 1 分或 2 分不等,考生知道几个中心词就写几个,不要因为这个名词解释就知道一个中心词答不全而放弃。但也不要漫无边际地任意发挥,抓不住概念的中心词,照样无法得分。

例题 1　工作描述

【解析】做好这个题,首先要了解工作描述是职位说明书的重要组成部分,是对"职位"和"事"的界定和说明,因而阐述这个名词时应该围绕有关"职位"和"事"本身的内容进行回答。

【答案要点】工作描述也叫做职位描述、岗位描述,是以规范的形式对工作的职责、工作权限、工作条件、需要使用的工具和设备,以及工作环境等方面进行的描述。

例题 2　职位评价

【解析】这个题已经确认了答题对象是"职位",具体是回答评价职位哪些方面的内容。因为得分关键点在清楚评价什么,这是考生必须掌握的知识点。

【答案要点】职位评价,就是根据工作分析的结果,按照一定的标准,对工作的性质、强度、责任、复杂性以及所需的任职资格等因素的差异程度进行综合评估的活动。

4.简答题

简答题属于主观性试题。与论述题相比,要求考生回答的问题比较简单。回答简答题要注意的有以下几点。

(1)认真审读题目,弄清题意。回答问题时,不能答非所问,一定要根据题目所指向的问题来作答。

(2)观点正确,论点全面。回答问题时,观点要正确,论点要全面,防止观点错误,避免遗漏论点。

(3)逻辑严密,语言通顺。回答问题时,要层次清楚,叙述明白,避免逻辑混乱,语言表达不清。

(4)重点突出,详略得当。回答问题时,对论点应适当加以说明,不必过多,显得烦琐;也不能过于简单,显得叙述不充分。

举例说明：

例题1 简述员工恐惧的解决方法。

【解析】回答这个问题，首先要明确什么是员工恐惧，了解其概念后，清楚产生员工恐惧的原因在哪些方面，然后针对相关原因提出相应的解决办法。

【答案要点】(1)事前做好准备，消除员工顾虑；(2)阐明工作分析目的，员工参与工作分析活动；(3)适当承诺，给员工吃"定心丸"；(4)反馈信息，员工明确工作职责与权限；(5)重视工作分析的结果在企业的应用，提高员工的参与性。

例题2 简述柏拉图对社会分工的阐述。

【解析】这类题目属于识记层次，考查考生对工作分析发展历史进程中著名思想家观点的认知程度。柏拉图在其著作《理想国》中详细论述了社会职业的分工，他的思想为后来的工作分析发展奠定了基础。通过了解各种不同的工作及工作对人的要求，让合适的人从事合适的工作，将成为日后工作分析及整个人力资源管理所关注的基本问题。

【答案要点】(1)个人与个人之间在工作才能方面存在差异性；(2)工作与工作之间在具体要求方面存在差异性；(3)要让每个人根据自己的天生才能，在适当的时间只做一件事不做别的工作；(4)我们最为重要的管理工作目标，是让每一个人从事最适合他的工作，以取得最高的工作效率。

5.论述题

论述题也属于主观性试题，重在考核学生运用工作分析的基本理论，分析和解决实际问题的能力。回答论述题的问题时，要求紧扣题意，观点正确，层次清楚，联系实际，分析得当。具体说也要有以下几点要加以注意。

(1)认真审读题目，弄清题意。回答问题时，不能答非所问，一定要根据题目所指向的问题来做答。

(2)观点正确、全面，论据充分，分析透彻。回答问题时，观点要正确，论点要全面，防止观点错误，避免遗漏论点。

（3）理论一定要联系实际。论述题在进行理论分析时，一定要与实际相联系。讲理论要联系实际，讲实际要有理论分析。理论与实际之间要有内在联系，不能生拉硬套在一起。

举例说明：

例题论述职位评价中应注意的问题。

【解析】回答这个问题必须要全面而准确地了解职位评价的概念、内容、评价衡量的方法和标准以及它本身的优缺点。因而答案也从这些方面着手切入，在论证过程中要联系实际加以说明，既有理论依据又有实际事实，使论证充分、有理、有力、有据。以下所列举的只是答案要点，在答出要点的情况下，实际回答论述题还应有事例，并展开加以说明来进一步论证这些要点，使答案更完整、更深入、更全面。

【答案要点】职位评价中应注意的问题包括：（1）确定工作岗位在工资序列中的相对位置，可以按照岗位名称或简单的经验法则等非正式的方式进行，也可以按照正式的程序，也就是职位评价的方式进行；（2）目前有多种可用的职位评价方法，其中大部分都以四种传统方法中的一种为基础；（3）在选择一项职位评价方法，并让它适应于企业需要时，要记住主要目的并不是在某种绝对意义上确定岗位的"价值"，而是有关各方关于工作岗位在企业岗位系列中的位置问题上达成一致意见；（4）职位评价必须以准确的岗位资料为依据；（5）经验表明，基准工作岗位的选择是相当重要的一步，对非解析方法来说尤其是这样，在该方法中它们要被用作其他工作岗位评价的参照；（6）要素的选择和界定是实施解析式职位评价方法比较关键的一步；（7）在评分法的方案中，各要素所占比重应按照有关均等、避免明显的或潜在的性别歧视以及对现有工资结构的影响等注重实效的方式确定；（8）职位评价方案的范围对于要素的选择和限定具有重要影响；（9）应当给予所有员工有关职位评价目标和步骤的适当信息，那些直接介入评价工作的人应当受到适当培训。

6. 写作题

工作分析是一门应用性和技术性较强的课程，这一题型在以前的自学考试当中很少出现，但随着经济社会和管理实践需要的发展，具有较强动手能力和优秀思考能力的人才越来越被用人单位所看重。自学考试应该与时俱进,培养社会所需要的人才。写作题主要是针对工作分析的最终结果性文件——职位说明书来展开的。具体范围包括:工作标志、工作概要、工作范围、工作职责、工作权限、业绩标准、工作关系、任职资格等方面。通过这一动手写作过程,让考生真正掌握职位说明书的编制,而这正是学习工作分析这门课程特别重要的一项要求。如何写作可参考教材 185 页的范例。

举例说明:

例题　请写出销售部经理的工作概要。

【解析】工作概要的书写有其严格的规范,一般采取"工作依据＋工作行动＋工作对象＋工作目的"的写作方式。所以,要写出销售部经理的工作概要,应该从依据、行动、对象和目的四方面着手去写,同时要注意工作依据、工作行动、工作对象、工作目的,既可以只有一个,也可以有多个并列。在答案要点中,根据公司的销售战略属于"工作依据",利用、调动、管理、开拓和维护属于"工作行动",销售资源、销售过程、销售组织、销售关系、市场属于"工作对象",以促进公司经营和销售目标的实现属于"工作目的"。

【答案要点】根据公司的销售战略,利用和调动销售资源,管理销售过程、销售组织、销售关系,开拓和维护市场,以促进公司经营和销售目标的实现。

7.计算题

计算题这一题型是工作分析自学考试中常见的题型之一,主要考查考生运用工作分析方法的熟练程度。例如用测时法计算标准工时及正、负误差率,用工作抽样法计算事件的发生率和上、下控制界限等。计算题属于考生失分较多的题型,考生应该特别注意掌握公式的来由和运用,考试时一定要写上公式,不写公式就先计算,很容易发生逻辑混乱,最终导致计算错误。考生计算过程中若没有列出公式就直接得出结果,一般都要扣分。同时计算过程要有条理,一步一步来,不要急着最后一步计算结果。计算题考查的是考生的逻辑思维能力和数理推理能力,这也是管理者能够胜任的一个特别重要的特征。

举例说明:

例题　下表是 2011 年 11 月 12 日深圳某企业对电池卷绕岗位某位员工进行测时的 4 次有效原始记录数据,请用中位值法计算这位员工的标准工时以及正误差率、负误差率(保留小数点后两位)。

测时原始有效记录(单位:秒)

工序名称	测时次数 1	测时次数 2	测时次数 3	测时次数 4
插片	0.6	0.8	1.0	0.9
卷绕	1.4	1.6	1.8	1.2
压实	1.4	1.2	1.8	1.8
装杯	2.8	3.2	2.5	2.7
卸载	1.3	1.9	2.0	1.7

【解析】该题考查的是用测时法计算标准工时及正、负误差率。中位值法是计算标准工时的两种通用方法之一,具体计算公式和过程请参照教材 110 页。

【答案要点】

解:

用中位值法计算标准工时的公式为:

$T_{标准} = (T_{最大} + T_{最小})/2 = (7.5 + 9.1)/2 = 8.30(秒)$

正误差率 $K_1 = (T_{最大} - T_{标准})/T_{标准} \times 100\% = (9.1 - 8.3)/8.3 \times 100\% = 9.64\%$

负误差率 $K_2 = (T_{最小} - T_{标准})/T_{标准} \times 100\% = (7.5 - 8.3)/8.3 \times 100\% = -9.64\%$

8.案例分析题

案例分析题是工作分析自学考试中最为常见的题型之一,即给出一个案例并就案例提出问题,要求考生作出分析。主要考查考生对基本概念和知识的掌握程度,同时也考查考生理论联系实际,发现问题、分析问题、解决问题的能力,是一种考查信度和效度都较高的题型。关于案例分析题的解答技巧,需要补充的还有以下几点。

（1）先看问题再看案例。因为案例分析题的问题一般比较短，考生可以先看问题，这样在阅读时就能有较强的针对性，对关键词画线，容易抓住重点，提高效率。

（2）要认真审题。问题中的每一个字都要认真地看，要抓住问题中的关键词，弄清问题反映的是哪个理论，哪个知识点，要求分析的到底是什么。

（3）不要急于动笔。看完题目后，考生不要马上动笔，想到什么写什么，而应先花几分钟时间对问题进行系统地分析和思考，确定答题思路和要点，框架建立起来后再动笔回答。这样才能有一个清晰的思路，并且不容易遗漏要点。

（4）不求深，但求全。案例分析涉及问答题时，评分是按照采分点规则，每一点有固定分数，在回答时答出一点即可得到相应分数。所以案例分析核心的部分是不追求深而追求全。

（5）语言简练，突出重点。对案例分析题，首先要像简答题那样，做到要点完整，而跟简答题不同的是，对每一"点"，考生都要稍展开一些论述，阐述该"点"包含的内容。但应避免经验之谈，对不同的"点"又不可平均用力，重要之"点"，应详细论述；一般之"点"，讲清即可。论述过程中应遵循"从重点到一般"的顺序，重要的内容放在前面，层次分明，循序渐进。

举例说明：

例题　一个机床操作工把大量的机油洒在他机床周围的地面上。车间主任叫操作工把洒掉的机油清扫干净，操作工拒绝执行，理由是职位说明书里并没有包括清扫的条文。车间主任顾不上去查职位说明书上的原文，就找来一名服务工来做清扫。但服务工同样拒绝，他的理由是职位说明书里也没有包括这一类工作。车间主任威胁说要把他解雇，因为这种服务工是分配到车间来做杂务的临时工。服务工勉强同意，但是干完之后立即向公司投诉。

有关人员看了投诉后，审阅了三类人员的职位说明书：机床操作工、服务工和勤杂工。机床操作工的职位说明书规定：操作工有责任保持机床的清洁，使之处于可操作状态，但并未提及清扫地面。服务工的职位说明书规定:服务工有责任以各种方式协助操作工,如领取原材料和工具,随叫随到,及时服务,但也没有明确写明,包括清扫工作。勤杂工的职位说明书中确实包含了各种形式的清扫,但是他的工作时间是从正常工人下班后开始。

【问题】

(1)案例中出现的主要问题是什么?

(2)对不同的责任对象,应该采用何种方式处理?

(3)你认为该公司在管理上有何需改进之处?

【解析】该题考查的是对工作分析概念、工作分析意义和作用的认知,同时也考查了工作分析实践中的问题和对策。

【答案要点】

(1)该案例中的主要问题是:车间的工作分析没有做好,没有明确界定清楚操作工、服务工和勤杂工的职责任务,导致职责权限出现交集和真空情况,致使出现问题的时候,谁都不想去承担责任,发生推诿塞责的不当情形。

(2)对不同责任对象的处理方式:对车间本身的工作任务要重新进行定义,对职位说明书中涉事岗位的具体内容、职责、权限、任务、工作环境以及任职资格等部分进行修改、补充和完善,使之合理化,也合乎现实工作需要。对服务工以表扬为主,适当地给予奖励(如给些加班费)。但要告诫他应完成车间主任交给的任务。对操作工要批评教育,应向他指出:把机油洒在机床周围的地上并拒绝清扫是错误的,他的行为缺乏主人翁精神。对车间主任也要批评,他在处理工作方面主观臆断,不够细心。

(3)需要改进的地方:要根据实际情况制订出较为科学合理的职位说明书,对职位说明书进行动态和权变管理;进一步提高领导水平,改进公司管理模式,推进企业文化建设,提倡爱岗敬业,发扬团结协作精神,努力塑造员工和组织的工作契约,以期在发生类似事件时,能顺利地通过制度机制和内在动力加以解决。

第一章　认知工作分析

❀ 知识网络

第
一
章

工作分析的基本含义 {
　工作及其相关术语(要素、任务、职责、职权、职位)
　工作分析及其相关术语(工作分析、职位说明书)
　工作分析需要明确的内容 { 6W / 2H
　工作分析的最终成果 { 职位说明书 / 职位分析报告
}

工作分析的目的
和时机选择 {
　工作分析的目的(了解工作的五大特征)
　工作分析的时机选择 {
　　新组织建立
　　战略调整和业务的发展
　　技术创新、劳动生产率提高
　　新的管理模式导入
　　涉足新行业、外部客户需求提高
　}
}

工作分析的
意义和作用 {
　工作分析的意义
　工作分析的主要作用 {
　　在战略与组织管理中的作用
　　在人力资源管理中的作用
　}
}

工作分析容易陷入的误区 {
　重技术,轻理念
　重结果,轻过程
　重繁复,轻简洁
　重形式,轻应用
　重现状,轻战略
}

📖 学习目的与要求

通过本章学习,掌握工作和工作分析的基本概念与相关术语,初步认知工作分析的相关理念以及在整个人力资源管理体系中的地位,明晰为何开展这项工作,掌握工作分析的意义与作用,了解工作分析的目的和时机的选择,掌握工作分析容易陷入的误区。本章要求考生首先要对概念进行识记和理解,然后运用这些理念切入具体工作分析实务。

🔆 考核重点

1. 工作的概念及其相关术语;
2. 工作分析的概念及其相关术语;
3. 工作分析需要明确的内容;
4. 工作分析的最终成果;
5. 工作分析的目的和时机的选择;
6. 工作分析的意义和作用;
7. 工作分析容易陷入的误区。

🌟 同步强化训练

一、单项选择题

1. 工作中不能继续分解的最小动作单位是　　　　　　　　　(　　)

    A. 任务　　　　　　　　　　B. 职责细分

    C. 工作要素　　　　　　　　D. 职位

2. 彭飞刚参加工作时是企业的销售人员,后来考上了公务员干上行政工作,最后又辞职创业当上了经理人,这反映的是他的

    　　　　　　　　　　　　　　　　　　　　　　　(　　)

    A. 职业　　　　　　　　　　B. 职级

    C. 职系　　　　　　　　　　D. 职业生涯

3. 我国现有职组数目为 　　　　　　　　　　　　　（　　）
　　A. 17　　　　　　　　　　　　B. 27
　　C. 33　　　　　　　　　　　　D. 43

4. 我国现有职系数目为 　　　　　　　　　　　　　（　　）
　　A. 17　　　　　　　　　　　　B. 27
　　C. 33　　　　　　　　　　　　D. 43

5. 职位分类的总原则是 　　　　　　　　　　　　　（　　）
　　A. 因事设职　　　　　　　　B. 整分合原则
　　C. 系统原则　　　　　　　　D. 最低职位数量原则

6. 在工作的五大特征中,界定工作任务和工作责任的基础是
　　　　　　　　　　　　　　　　　　　　　　　　（　　）
　　A. 工作的输入特征　　　　B. 工作的输出特征
　　C. 工作的转换特征　　　　D. 工作的关联特征

7. 在工作的五大特征中,界定工作方式的基础是 　　　（　　）
　　A. 工作的输入特征　　　　B. 工作的输出特征
　　C. 工作的转换特征　　　　D. 工作的关联特征

8. 在工作分析中要考虑时间、人员和情境三因素,这反映出
　　　　　　　　　　　　　　　　　　　　　　　　（　　）
　　A. 工作的输入特征　　　　B. 工作的输出特征
　　C. 工作的动态特征　　　　D. 工作的关联特征

9. 企业的职位说明书在制订和使用中出现了“两张皮”的现象,
　　没有发挥出应有作用,这体现出工作分析走入的误区是
　　　　　　　　　　　　　　　　　　　　　　　　（　　）
　　A. 重技术,轻理念　　　　B. 重结果,轻过程
　　C. 重现状,轻战略　　　　D. 重形式,轻应用

10. 工作中为了达到某种目的而进行的一系列活动称为　（　　）
　　A. 任务　　　　　　　　　　B. 职业
　　C. 要素　　　　　　　　　　D. 职责

11. 工作规范也叫做 　　　　　　　　　　　　　　　（　　）
　　A. 任职资格　　　　　　　　B. 工作描述
　　C. 岗位描述　　　　　　　　D. 职位说明书

12. 界定工作来源和工作条件的基础是　　　　　　　　　　（　　）

　　A. 工作的输入特征　　　　　B. 工作的输出特征

　　C. 工作的动态特征　　　　　D. 工作的转换特征

13. 工作研究始于　　　　　　　　　　　　　　　　　　　　（　　）

　　A. 17 世纪末　　　　　　　B. 18 世纪末

　　C. 19 世纪末　　　　　　　D. 20 世纪末

14. 工作研究的基本目标是　　　　　　　　　　　　　　　　（　　）

　　A. 对岗位进行分类　　　　　B. 理清岗位责任

　　C. 确定岗位人员　　　　　　D. 避免人、财、物的浪费

15. "中教一级"与"小教高级"的数学教师属同一　　　　　　（　　）

　　A. 职系　　　　　　　　　　B. 职级

　　C. 职等　　　　　　　　　　D. 职组

16. 大学讲师与研究所的助理研究员属于同一　　　　　　　（　　）

　　A. 职系　　　　　　　　　　B. 职级

　　C. 职等　　　　　　　　　　D. 职组

17. 美国规定的职组数目是　　　　　　　　　　　　　　　　（　　）

　　A. 23　　　　　　　　　　　B. 24

　　C. 25　　　　　　　　　　　D. 26

18. 美国规定的职系数目是　　　　　　　　　　　　　　　　（　　）

　　A. 24　　　　　　　　　　　B. 54

　　C. 254　　　　　　　　　　　D. 524

19. 职责繁简难易、轻重大小及所需资格条件并不相同,但工作

　　性质充分相似的所有职位集合称为　　　　　　　　　　（　　）

　　A. 职系　　　　　　　　　　B. 职级

　　C. 职等　　　　　　　　　　D. 职组

20. 下列有关职位的说法中表述正确的是　　　　　　　　　（　　）

　　A. 职位也叫职务　　　　　　B. 职位是以"人"为中心确定的

　　C. 总监是一个职位　　　　　D. 有多少个职位就有多少个任职者

二、多项选择题

1. 工作分析的最终成果包括　　　　　　　　　　　（　　）

A. 职位描述　　B. 工作分析调查问卷　　C. 任职资格要求

D. 职位分析报告　　E. 工作绩效标准

2. 组织最需要进行工作分析的时机包括　　　　　　　（　　）

A. 新的组织建立时　B. 技术创新导致需要重新定岗定编时

C. 新的管理模式和制度导入时　D. 新的员工进入时

E. 涉足新的行业和外部客户需求提高时

3. 下列有关工作的术语中表达正确的有　　　　　　　（　　）

A. 教师、工程师、工人、警察都是职业

B. 任务由两个以上工作要素组成

C. 所有从事销售工作的职位组成销售类工作族

D. 质量检查员对产品质量的检验既是他的职责,又是他的
职权

E. 一个人一生当中从事时间最长的那个工作才能称为职业

4. 职位分类的原则包括　　　　　　　　　　　　　（　　）

A. 系统原则　　B. 最低职位数量原则　C. 因事设职原则

D. 整分合原则　E. 能级原则

5. 工作分析容易陷入的误区有　　　　　　　　　　　（　　）

A. 重技术,轻理念　B. 重结果,轻过程　C. 重繁复,轻简洁

D. 重形式,轻应用　E. 重现状,轻战略

6. 工作研究的创立者包括　　　　　　　　　　　　　（　　）

A. 斯科特　　　　　B. 巴鲁什　　　　　　C. 泰勒

D. 宾汉　　　　　　E. 吉尔布雷斯夫妇

三、名词解释题

1. 职位评价　　　　　　　2. 工作分类

3. 胜任特征模型　　　　　4. 工作流程

5. 工作分析　　　　　　6. 职级

7. 职等　　　　　　　　8. 职业生涯

四、简答题

1. 简要回答工作分析需要明确的内容。

2. 简述工作研究的基本观点。

3. 简要回答在何种情形下组织需要进行工作分析。

4. 简要回答工作分析在战略与组织管理中的作用。

五、论述题

1. 论述工作分析在人力资源管理中的作用。

2. 论述工作分析的意义。

六、案例分析题

1992 年 8 月,安德鲁飓风席卷了南佛罗里达州,奥普蒂玛空气过滤器公司(Optima Air Filter Company)也受到了影响,公司许多雇员的家都遭到了毁坏,公司发现它不得不重新雇用 30 个新雇员以取代离职者。然而问题在于,由于原有的"老计时员"对他们的工作如此熟悉,因此当时为了省事就没有为他们编写职位说明书。但当 30 名新雇员走上工作岗位之后,混乱就产生了,他们根本就不知道应当做什么以及如何做。

对于需要空气过滤器的公司顾客来说,飓风已经成为往事,也就不能再成为交不了货的借口了。公司总裁菲尔·马恩现在处于束手无策的困境。他目前有 30 名新雇的雇员,10 名老计时员,还有原来的工厂主管梅比林。他决定去会见来自当地一所大学工商管理学院的一位顾问琳达·洛依。琳达·洛依要求老计时员们填写工作描述问卷,列举出他们的工作任务。争议随之而起,因为菲利普和梅比林都认为,老计时员为了显示他们在企业中的重要地位,夸大了他们自己的工作分量;而这些计时员则认为,他们很诚实地描述了自己的实际工作情况。一方面,公司内部的这种争论得不到解决;另一方面,顾客却在等待他们所需要的空气过滤器。

　　问题:

　　1.菲尔和琳达应当忽略老员工的抗议,而按照他们自己认为合适的内容来编写职位说明书吗?

　　2.你将如何进行工作分析?

♛ 参考答案及评析

　　一、单项选择题

　　1.C　2.D　3.B　4.D　5.A　6.B　7.C　8.C　9.D　10.A
　　11.A　12.A　13.C　14.D　15.B　16.C　17.A　18.D　19.A
　　20.D

　　二、多项选择题

　　1.ACD　2.ABCE　3.ACD　4.ABCDE　5.ABCDE　6.CE

　　三、名词解释题

　　1.职位评价:又叫岗位评价,是在工作分析的基础上,系统地对各职位的价值进行评价,从而确定各职位的相对价值及相互关系的过程。

　　2.工作分类:在工作分析和工作评价的基础上,采用科学的方法,根据工作性质和特点,对组织内的工作在横向和纵向两个维度上进行划分。

　　3.胜任特征模型:对员工核心能力进行不同层次的定义以及相应层次的行为描述,确定胜任工作所需的关键能力和技能掌握的熟练程度。

　　4.工作流程:是指一个工作单位中的成员为了生产某种产品或者服务而从事的一系列活动。

　　5.工作分析:是对职位信息进行收集、整理、分析与综合,以确定工作岗位的目的、职责、任务,以及完成工作所需的技能、知识、能力和任职资格要求的一系列活动。

6.职级:是指同一职系中职责繁简、难易、轻重及任职条件十分相似的所有职位的集合。

7.职等:是指不同职系之间,职责的繁简、难易、轻重及任职条件充分相似的所有职位的集合。

8.职业生涯:是指一个人在其工作生活中所经历或将要经历的一系列职位、工作、职业。

四、简答题

1.简要回答工作分析需要明确的内容。

答:通过工作分析应该准确地明晰以下内容:

(1)此项工作做什么(What);(2)为何要完成此工作(Why);(3)工作何时做(When);(4)工作在哪里做(Where);(5)谁来完成工作(Who);(6)需要对谁负责(Whom);(7)如何完成工作(How);(8)工作预算是多少(How Much)。

2.简述工作研究的基本观点。

答:工作研究的基本观点是:

(1)工作研究是通过方法研究和工作衡量来提高工作效率的一种科学方法,它是一门实用性很强的先进管理技术,是技术与管理相结合的应用科学;

(2)它通过对现行的以工作系统为研究对象的工程活动、应用人类工程学和行为科学等原理,以及对现有的各项工艺、作业、工作方法等进行系统分析;

(3)把工作中不合理、不经济、混乱的因素排除掉,寻求更好、更经济、更容易的标准工作方法,以提高系统的生产率;

(4)其基本目标是避免浪费,包括时间、人力、物料、资金等多种形式的浪费。

3.简要回答在何种情形下组织需要进行工作分析。

答:在下列情况下,组织最需要进行工作分析:

(1)一个新的组织的建立,新的企业、部门或岗位由于目标的分解,组织的设计与人员招聘等都需要进行工作分析;

（2）由于战略调整和业务的发展，工作内容、工作性质、工作流程发生变化，从而需要进行工作分析；

（3）企业由于技术创新，劳动生产率的提高，需重新进行定岗、定员、定编；

（4）新的管理模式的导入以及制度建设的需要，比如绩效考核、晋升、培训机制的跟进需要进行工作分析；

（5）企业涉足新的行业和外部客户的需求提高时，也需要企业进行及时的工作分析。

4.简要回答工作分析在战略与组织管理中的作用。

答：工作分析在战略与组织管理中的作用具体表现在以下几个方面：

（1）实现战略传递；（2）明确职位边界；（3）提高流程效率；（4）实现权责对等；（5）强化职业化管理。

五、论述题

1.论述工作分析在人力资源管理中的作用。

答：工作分析是人力资源管理工作的基础，它为人力资源管理的其他职能提供信息和依据。其主要作用体现在以下几个方面。

（1）为人力资源规划提供准确有效的依据。组织在发展过程中必然会遇到业务、组织结构或人员数量的变化，而这些人力资源规划数量和质量信息的获得，必须通过工作分析来完成。

（2）合理安排组织中的各项工作任务。组织是一个为完成特定目标而存在的有机整体，它的许多工作需要不同的个体配合、协调完成。工作分析能通过各个方面的信息收集、核实，确保组织中的各项任务都有人承担，并可分析什么样的人员、如何工作才能更好地实现组织的预期目标。

（3）明确管理者和员工各自的工作职责和目标。通过工作分析能够让管理者和员工清楚了解工作岗位的职责范围和需要完成的任务。

（4）为工作再设计和员工职业生涯规划提供依据。工作扩大化和工作丰富化已成为激励员工的工作积极性和兴趣的新趋势。在工作再设计过程中,需要对工作岗位的相互联系、所需要的工作技能等多方面进行分析,寻找其潜在的联系以达到更高效的目的。

（5）为进行科学的绩效管理提供客观评价标准。工作分析可以确定各个工作岗位的应有标准,使得绩效管理公平、公正、公开。

（6）为员工招聘提供有效的信息。工作分析通过明确岗位的任职资格条件可以为组织尽快吸引合格的应聘者,为降低招聘成本提供客观依据。

（7）为降低培训成本,提高培训效率提供前提。工作分析通过明确任务、职责、能力和技能,为组织进行准确的培训需求分析提供了信息依据。

（8）明确组织中上下级之间的汇报关系。工作分析能使各个岗位的工作都在相应的管理人员指导下进行,以提高工作效率,加强管理的层次性和有效性。

（9）明确工作岗位在组织中的相对价值,保证薪酬的内部公平性。工作分析能从工作责任、所需技能等几个方面对工作岗位的相对价值进行界定,有助于保证薪酬的内部公平性。

2.论述工作分析的意义。

答:工作分析的意义,主要表现在以下几个方面。

（1）为各项人事决策提供了坚实的基础。有了工作分析,企业的各级管理人员不论是选人、用人,还是育人、留人,都有了科学依据。

（2）通过对人员能力、个性等条件分析,做到人尽其才。工作分析的结果可以使人员的使用在"合适的时候把合适的人放在合适的岗位上"。避免"大材小用,小材大用"的现象。

（3）通过对工作职责,工作流程的分析,使"才能尽其职"。避免人力资源的浪费,提高工作效率。

（4）通过对工作环境、工作设备的分析,使人与机器相互配合,更好协调。使才尽其用,职尽其用,以完成组织的目标。

（5）能科学地评价员工的业绩,有效地激励员工。通过工作分析,了解员工与岗位各方面的信息,有助于科学地选拔员工、考核员工、奖励员工,达到激励的目的。

六、案例分析题

答题要点：

这个问题涉及工作分析的过程和员工恐惧的产生。

1.不能忽略抗议。老员工的抗议是必然会产生的,这是员工恐惧的正常反应。在进行工作分析的时候,涉及要重新测量工作负荷和强度,以及减员降薪等方面,这关系到员工岗位的作用和地位,以及以后的利益和收入分配,因而触动员工神经,产生员工恐惧是必然的,所以忽略老员工的抗议是不合理、不妥当的。

2.作为公司 HR 主管,应该明晰工作分析的重要作用和操作流程。第一步要做的就是宣传和沟通,传达信息一定要准确,事前做好准备,消除员工顾虑。接着要阐明本次工作分析的目的,并适当承诺,让新老员工都参与工作分析活动。最后形成职位说明书后,要给员工反馈信息,让员工明确工作职责与权限,并确认信息与现实工作是否相符,有出入的地方应及时沟通并修正。针对这种老雇员为显示工作地位而夸大工作分量的问题,应告知其主观做法带来的后果。在分析方法上可采取观察法、工作日写实法、工作抽样法等方法,确定具体的工作量和工作内容,虽然费时费力,但可以取得实际有效的结果,并能够有说服力地取得新老员工的认同。

第二章　工作分析的发展历史与未来趋势

❀ 知识网络

第二章
- 工作分析的思想起源
  - 我国古代学者的社会分工思想
  - 国外学者的社会分工思想
    - 柏拉图
    - 亚当·斯密
- 工作分析的发展历史
  - 工作分析的萌芽阶段（18 世纪～20 世纪初）
  - 工作分析的形成阶段（1914～1945 年）
  - 现代工作分析的发展（1945 年后）
  - 我国工作分析的现状及发展
- 工作分析面临的挑战
  - 工作分析者面临的挑战
  - 组织体系面临的挑战
  - 工作本身的多样性面临的挑战
  - 工作条件的变化面临的挑战
    - 社会环境的变化
    - 技术的变化
    - 组织经营环境的变化
- 工作分析未来的发展趋势
  - 工作分析战略化
  - 工作分析信息来源扩大化
  - 工作分析技术信息化
  - 对客户进行工作分析
  - 角色说明书取代职位说明书

学习目的与要求

通过本章的学习,要求考生带着历史观的思维去深入学习工作分析的历史演进历程,掌握工作分析的起源与发展脉络,掌握工作分析在西方国家的应用及其主要代表人物,理解代表人物的重要理论观点及其在管理实践中的应用状况,掌握我国古代工作分析思想与实践的情况,了解工作分析的最新动态、面临的挑战和未来发展趋势,深化对工作分析的认知和理解。

考核重点

1.我国古代学者的社会分工思想;

2.国外学者的社会分工思想;

3.工作分析的发展历史及其主要理论和实践的观点;

4.工作分析面临的四大挑战;

5.工作分析未来的五大发展趋势。

同步强化训练

一、单项选择题

1.工作分析的思想起源于　　　　　　　　　　　　　(　　)

　　A.劳动合作　　　　　　　B.社会分工

　　C.战争　　　　　　　　　D.现代管理革命

2.认为不同工作岗位的要求存在差异性,让每个人从事他们最适合的工作,才能取得最大效率的古代思想家是　　　(　　)

　　A.柏拉图　　　　　　　　B.亚当·斯密

　　C.苏格拉底　　　　　　　D.大卫·李嘉图

3.提出了著名的"四民分业定居论"的我国古代思想家是(　　)

　　A.管仲　　　　　　　　　B.孔子

C. 孟子　　　　　　　　D. 荀子

4. 提出脑力劳动与体力劳动分工的我国古代思想家是　　　（　　）

　　A. 墨子　　　　　　　　B. 孔子

　　C. 孟子　　　　　　　　D. 傅玄

5. 主张定四民人数，士、工、商从业者超过实际需要的都要去从事农业生产的我国古代思想家是　　　　　　　　　　（　　）

　　A. 墨子　　　　　　　　B. 荀子

　　C. 韩非子　　　　　　　D. 傅玄

6. 把分工称为"曲辨"的我国古代思想家是　　　　（　　）

　　A. 荀况　　　　　　　　B. 孔丘

　　C. 孟轲　　　　　　　　D. 管仲

7. 提出"劳心者治人，劳力者治于人"观点的是　　　（　　）

　　A. 荀况　　　　　　　　B. 孔丘

　　C. 孟轲　　　　　　　　D. 管仲

8. 著有《理想国》的国外思想家是　　　　　　　（　　）

　　A. 柏拉图　　　　　　　B. 亚当·斯密

　　C. 苏格拉底　　　　　　D. 大卫·李嘉图

9. 提出"劳动生产力上最大的改进，以及运用劳动时所表现的更大的熟练、技巧和判定力，似乎都是劳动分工的结果"这一观点的是　　　　　　　　　　　　　　　　　（　　）

　　A. 斯科特　　　　　　　B. 亚当·斯密

　　C. 泰勒　　　　　　　　D. 苏格拉底

10. 据历史记载，首次大规模实施工作分析的人是　　（　　）

　　A. 卡尔·舒尔茨　　　　B. 雨果·芒斯特伯

　　C. 弗兰克·吉尔布雷斯　　D. 丹尼斯·狄德罗

11. 促进了军队面谈考评科学化的工作分析专家是　　（　　）

　　A. 斯科特　　　　　　　B. 巴鲁什

　　C. 泰勒　　　　　　　　D. 宾汉

12. 工作分析系统的研究始于　　　　　　　　　（　　）

　　A. 18 世纪四五十年代　　B. 19 世纪四五十年代

C. 20 世纪四五十年代　　　D. 20 世纪五六十年代

13. 设计出一种适用于各种文秘工作、手工工作的"核对清单"的
工作分析专家是　　　　　　　　　　　　　　　（　　）

A. 悉尼・法恩　　　　　　B. 艾玛・巴鲁什

C. 欧内斯特・麦克米克　　D. 欧内特斯・普里莫夫

14. 编纂完成了著名的《职位名称辞典》的机构是　　（　　）

A. 美国职位研究会　　　　B. 美国国家研究会

C. 美国社会科学研究会　　D. 美国国家内政改革委员会

15. 首次进行了关键事件分析的是　　　　　　　　　（　　）

A. 约翰特・C・弗莱内根　B. 杰伊・奥蒂斯

C. 欧内斯特・麦克米克　　D. 欧内特斯・普里莫夫

16. 通过工作分析设计出了一套工作能力指标体系的机构是

（　　）

A. 美国职位研究会　　　　B. 美国国家研究会

C. 美国社会科学研究会　　D. 美国国家内政改革委员会

17. 被誉为"工业心理学之父"的是　　　　　　　　（　　）

A. 泰勒　　　　　　　　　B. 芒斯特伯格

C. 斯科特　　　　　　　　D. 宾汉

18. 把工作分析列为科学管理原理五大原则之首的是　（　　）

A. 巴鲁什　　　　　　　　B. 吉尔布雷斯

C. 泰勒　　　　　　　　　D. 科特勒

19. 被称为"动作研究学之父"的是　　　　　　　　（　　）

A. 弗兰克・吉尔布雷斯　　B. 芒斯特伯格

C. 泰勒　　　　　　　　　D. 斯科特

20. 把工作分析成功地应用于美国国会的"工薪法案"设计中的
是　　　　　　　　　　　　　　　　　　　　　（　　）

A. 吉尔布雷斯夫妇　　　　B. 欧内斯特・麦克米克

C. 泰勒　　　　　　　　　D. 艾玛・巴鲁什

二、多项选择题

1. 苏格拉底认为一个正义的社会必须认识清楚的几件事情包括
（　　）

　　A. 不同的个人之间是存在能力差异的

　　B. 要把每一个人都安排到最适合他们资质发挥的职业上去

　　C. 要努力地去寻找个体之间的共性

　　D. 不同职业需要具备不同独特资质的人来完成

　　E. 要用法律去保障每个人的就业权利

2. 提出"战略性工作分析"的专家有　　　　　　　　　　（　　）

　　A. 戴维·伯文　　　B. 安德烈亚·考茨　　　C. 彼德·米尔斯

　　D. 本杰明·施耐德　　　　　　　　　　E. 利比·萨坦

3. 工作分析未来的发展趋势包括　　　　　　　　　　　（　　）

　　A. 工作分析战略化　　　　　B. 工作分析信息来源扩大化

　　C. 工作分析技术信息化　　　D. 对客户进行工作分析

　　E. 角色说明书取代职位说明书

4. 美国职位研究会取得的成果包括　　　　　　　　　　（　　）

　　A. 编写就业指导词典　　　　　B. 编写职业编码表

　　C. 编制"军官职业技能说明书"　　D. 设计人事配置表

　　E. 开发《职位名称辞典》

5. 下列选项中属于工作分析专家斯科特的研究成果的是（　　）

　　A. 促进军队面谈考评的科学化　　B. 制定军衔资格标准

　　C. 设计了一套生理指标体　　　　D. 编写了就业指导词典

　　E. 编制"军官职业技能说明书""入伍申请表"与"人员调查表"

三、简答题

1. 简要回答柏拉图关于社会分工的观点。

2. 简要回答亚当·斯密对社会分工的论述。

3. 简要回答开展工作分析面临的挑战。

4. 简要回答战略性工作分析的基本观点。

四、论述题

1.论述工作条件的变化面临的挑战。

2.论述角色说明书取代职位说明书的理由。

五、案例分析题

第二次世界大战时,有一位将军去视察军队。每到一处,无不军姿飒爽、军纪严整,将军非常满意。当他走到炮兵团的时候,炮兵进行演习,从填料、瞄准到射击,每个炮兵合作得天衣无缝,但是将军发现了一个奇怪的现象,在每个炮兵班里,总有这么一个兵,笔直地站在大炮旁,自始至终,一动不动。将军非常奇怪,这个兵究竟是干什么的,他的职责是什么,他为什么要站在那里?

将军问炮兵团长,团长回答:"报告将军,我们是按照上级的要求设置这个岗位。"将军问炮兵班长,班长回答:"报告将军,每一个士兵都严格按照上级指示和文件精神进行操练。"将军问这个兵,兵回答:"报告将军,我是完全按照要求的职责和动作来做的。"将军对这些回答都不能满意,他又问了很多很多人。半年之后,他终于明白了。在汽车发明前,大炮是用马来拉的。每次射炮时,震天的炮声会惊了马。为了保证战马在射炮时保持原位,不把大炮拉走,设置了这个非常重要的岗位:专门拉马的兵。一个世纪过去了,人类社会飞速发展,汽车代替了战马活跃在战场上。汽车是肯定不会受惊的,拉马的兵却保留了下来,伴随着一次次战役,忠实履行陪伴在每一座大炮旁的职责。

问题:如何看待"不拉马兵"现象?试从工作分析角度进行分析。

👑 **参考答案及评析**

一、单项选择题

　1.B　2.C　3.A　4.B　5.D　6.A　7.C　8.A　9.B　10.D
11.A　12.C　13.C　14.A　15.A　16.B　17.B　18.C　19.A
20.A

二、多项选择题

1. ABD 2. BD 3. ABCDE 4. ABDE 5. ABE

三、简答题

1. 简要回答柏拉图关于社会分工的观点。

答:柏拉图在其著作《理想国》中详细论述了社会职业的分工,可以归纳为如下四点:

(1)个人与个人之间在工作才能方面存在差异性;

(2)工作与工作之间在具体要求方面存在差异性;

(3)要让每个人根据自己的天生才能,在适当的时间只做一件事不做别的工作,这样他将能做得更多、更出色并且更容易;

(4)我们最为重要的管理工作目标,是让每一个人从事最适合他的工作,以取得最高的工作效率。

2. 简要回答亚当·斯密对社会分工的论述。

答:亚当·斯密对社会分工的论述主要体现为三点。

(1)认为"分工是国民财富增进的源泉"。一国的国民财富积累最重要的原因是劳动生产率的提高,而劳动生产率的最大提高则是由于分工的结果。

(2)深入分析了产生分工效率的原因。他将分工分为三种:一是企业内分工;二是企业间分工,即企业间劳动和生产的专业化;三是产业分工或社会分工。

(3)分工带来的专业化导致技术进步和创新,提高了人力资本,技术进步会产生报酬递增,而进一步的分工又依靠于市场范围的扩大。

(4)分工既是经济进步的原因又是其结果,这个因果累积的过程所体现出的就是报酬递增机制。因此,专业化和分工应该成为研究经济增长和社会发展的出发点。

3. 简要回答开展工作分析面临的挑战。

答:在实践中,开展工作分析所遇到的挑战,大多来源于四个方面:

（1）工作分析者面临的挑战；

（2）组织体系的动态环境改变面临的挑战；

（3）工作本身的多样性面临的挑战；

（4）工作条件的变化面临的挑战。

4.简要回答战略性工作分析的基本观点。

答：战略性工作分析方法的目的是界定所预测到的未来职位所需要的任务和 KSAO（知识、技能、能力以及其他个人特质）指标。步骤如下：

（1）对现有职位进行分析，从而识别出目前的任务和 KSAO 指标；

（2）将了解该职位的主题专家（如任职者、主管）及组织中其他对发生变革的职位具有深刻了解的人，组织他们共同讨论未来变化（例如技术性变革）对该职位会有怎样的影响，并收集他们对未来任务和 KSAO 的一些设想；

（3）识别对该职位现在和将来判断的差别，分离出所预料到发生最大变革的任务和 KSAO，这些信息是招聘未来职位任职者的基础。

四、论述题

1.论述工作条件的变化面临的挑战。

答：工作条件的变化面临的挑战主要包括以下三点。

（1）社会环境的变化。首先是价值观的变化。价值观会间接地影响人们的工作取向、工作地点以及工作的时间，影响到他们从事工作的态度和目的。其次，教育年限的延长以及教育水平的提高，企业内部员工的平均年龄在逐渐增长，企业国际化以及本土化战略的推行，促使企业内部劳动力日益多元化。社会环境的变化对工作的影响可能有：其一，工作适应人，而不是人适应工作；其二，受过高等教育员工个人发展及他们在工作中接受的挑战将会越来越复杂；其三，在工作中不同背景员工之间的沟通与交流显得越来越重要。

（2）技术的变化。随着计算机功能日益强大，人在制造过程中的角色发生了改变。工人从装配线上解放出来，逐渐从以"手"工作转变为用"脑"来工作。但技术的过度使用也会导致技能丧失,增加了员工的心理压力和带来了许多健康问题。

(3)组织经营环境的变化。未来组织的功能将会持续发生变化,何种组织形式最有效率,还依赖于组织的环境、战略和技术。未来的全球竞争将会更加激烈,工作任务的分配将越来越灵活,层级将会减少,员工直接进行沟通。未来的组织主要依靠自我激励,经理们的职责就是激励员工努力工作,业绩评价将以团队或工作单元的成果作为考核的标准。

2.论述角色说明书取代职位说明书的理由。

答:角色说明书取代职位说明书的理由如下。

(1)随着经济全球化趋势的加快和科学技术的迅猛发展,组织面临的内外部环境在剧烈变化,使得组织的结构、工作模式、工作性质、工作对员工的要求等都随之发生急剧变化:组织结构从等级化逐渐趋于扁平化与弹性化;工作本身从确定性向不确定性、从重复性向创新性转变;建立了跨专业的自我管理团队,在团队成员之间出现工作交叉和职能互动;从偏重对任职者的体能要求到越来越重视对复合型、知识型和创新型员工的吸引、培养和使用;从强调职位之间明确的职责、权限边界转变为允许甚至鼓励职位之间的职责与权限的重叠,打破组织内部的本位主义与局限思考,激发员工的创新能力以及以客户为中心的服务意识。

(2)工作越来越庞杂,员工从一个项目转到另一个项目,从一个团队转到另一个团队,工作职责也变得模糊,这一系列变化使得工作分析的结果性文件——职位说明书,不得不变得越来越含糊,需要用角色说明书来取而代之。

(3)对于那些以团队方式而非个人为基础来开展工作的组织,这种从关注"岗位"转变到关注"工作作用"的趋势是不可阻挡的。员工的工作模式发生改变,出现跨团队、跨职能合作,甚至虚拟工作团队。因此,工作分析要研究团队内各角色的工作流程,以判断产品和服务的改变及其对团队成员的要求,通过工作分析,说明一个人作为团队成员所发挥的作用,可能比说明他的个人岗位职责更为有用。所以,企业由过去对员工在点上的定位,过渡到现在在区域上的定位。人在企业中的位置也由点定位转变到角色定位。

五、案例分析题

答题要点:

"不拉马兵"现象反映出工作分析的重要性和作用原理。"不拉马兵"说明设置了相应岗位,但没有相应职责内容。这种不对称性是组织中常见的现象之一,容易造成冗员和效率低下,不利于组织健康成长。同时,也反映出组织的岗位设置和操作流程过于僵化和死板,缺少动态适应性。从工作分析角度,可以考虑从以下这些方面去解决这个问题:

(1)进行明确的工作岗位分析,明确员工的工作职责;

(2)合理进行员工岗位配置;

(3)合理使用工作分析方法,以达到期望的效果;

(4)随着科学技术的发展,将工作分析由静态变为动态的调整。

第三章　工作分析方法

第三章

- 问卷调查法
  - 问卷法概述（定义、优缺点、类型）
  - 职业分析问卷法（PAQ）
    - 简介
    - 使用
    - 优缺点
  - 职能工作分析法（FJA）
    - 简介
    - 分析要素
    - 结果表达
    - 注意事项
  - 管理职位分析问卷法（MPDQ）
    - 简介
    - 应用
    - 优缺点
  - 调查问卷的设计与使用（如何设计、如何使用）
- 观察法
  - 观察法简介（定义、使用前提条件）
  - 观察法操作（操作须知、提纲范例）
  - 观察法的工作分析程序
- 工作日写实法
  - 工作日写实的分类（个人、工作、多机床看管、自我、特殊）
  - 工作日写实的意义
  - 工作日写实的对象和范围
  - 工作日写实的程序
    - 写实前准备
    - 写实观察记录
    - 写实资料的整理与分析
  - 工作日写实法实例
- 访谈法
  - 访谈法概述（简介）
  - 访谈法的使用（工作分析访谈准则及内容、访谈法优点）
- 关键事件法
  - 关键事件法简介（含义、记录内容）
  - 关键事件法的应用（优缺点、扩展）
- 文献分析法和能力要求法
  - 文献分析法（概念、操作流程、注意问题、运用）
  - 能力要求法（简介、能力维度与内容、优缺点）
- 主题专家会议法（概念、特点、具体形式、人选原则、注意问题）
- 工作要素法和临界特质分析系统
  - 工作要素法（概念、优缺点、要素、步骤）
  - 临界特质分析系统（概念、步骤）
- 测时法与工作抽样法
  - 测时法（概念、基本功能、影响因素、资料分析整理）
  - 工作抽样法（作用、步骤）
- 工作分析方法的评价

📖 学习目的与要求

　　通过本章的学习,理解和掌握国内外企事业组织在工作分析实践中常用的工作分析方法。掌握这些常用工作分析方法的内容、适用范围以及优缺点;掌握各种常用工作分析方法的操作步骤;掌握各种常用工作分析方法之间的异同,并且了解对各个分析方法的综合性评价。

💡 考核重点

　　1.问卷调查法中的三大方法及其内容;

　　2.观察法的操作内容和工作分析程序;

　　3.工作日写实法的分类、意义、对象范围和程序;

　　4.访谈法的应用;

　　5.关键事件法的应用;

　　6.文献分析法和能力要求法的内容和运用;

　　7.主题专家会议法的内容和注意问题;

　　8.工作要素法和临界特质分析系统的概念和步骤;

　　9.测时法与工作抽样法的概念和步骤;

　　10.工作分析方法评价的内容。

☀ 同步强化训练

一、单项选择题

1.可对任职者的工作态度与工作动机等深层次内容有详细了解的工作分析方法是　　　　　　　　　　　　(　　)

　　A.工作日写实法　　　　　　B.观察法

　　C.面谈法　　　　　　　　　D.关键事件法

2. 下列关于职位调查问卷法的说法中正确的是　　　　　　（　　）

　　A. 调查的资源难以进行量化研究

　　B. 调查的用途比较专一化

　　C. 调查样本量比较小

　　D. 调查的质量难以保证

3. PAQ 的提出者是　　　　　　　　　　　　　　　　　　（　　）

　　A. 麦考密克　　　　　　　　　　B. 托纳

　　C. 平托　　　　　　　　　　　　D. 约翰·弗莱内根

4. 在 PAQ 中被用来分析完成工作过程中员工活动特征的项目

　　数量为　　　　　　　　　　　　　　　　　　　　　　（　　）

　　A. 194　　　　　　　　　　　　B. 195

　　C. 7　　　　　　　　　　　　　D. 187

5. 下列关于 PAQ 的说法正确的是　　　　　　　　　　　（　　）

　　A. PAQ 可将工作分为不同的等级

　　B. PAQ 节省时间,时间成本低

　　C. PAQ 的问卷填写人是任职者或上级

　　D. 对于工作描述与工作再设计,PAQ 是理想的工具

6. 下列哪类人员的职位分析比较适合采用观察法　　　　（　　）

　　A. 律师　　　　　　　　　　　　B. 急救站护士

　　C. 外企经理　　　　　　　　　　D. 居民区保安

7. 在下列关于职能工作分析法的描述中正确的是　　　　（　　）

　　A. 它需要记录有关工作背景的信息

　　B. 它是以员工所需发挥的功能与应尽的职责为核心

　　C. 撰写起来比较省时省力

　　D. 对培训效果评估的效用不明显

8. 句法分析技术描述职位所用的是　　　　　　　　　　（　　）

　　A. 数字　　　　　　　　　　　　B. 图表

　　C. 文字　　　　　　　　　　　　D. 数学公式

9. "在我们没有对最简单的东西熟悉之前不可能了解复杂的现象"是下列哪一工作分析方法的基本原则　　　（　　）

  A. JEM   B. FJA

  C. MPDQ   D. CIT

10. 工作要素法的首要实施步骤是　　　　　　　　（　　）

  A. 提出工作要素,由主题专家组来完成

  B. 利用工作要素表对工作及其下级子要素进行评估

  C. 对评估结果进行解释和描述

  D. 确定最终的工作要素及其下级子要素

11. 下列哪种工作分析方法是美国培训与职业服务中心的研究成果　　　　　　　　　　　　　　　　（　　）

  A. PAQ   B. MPDQ

  C. FJA   D. CIT

12. 下列关于观察法说法不正确的是　　　　　　　（　　）

  A. 观察法是一种新兴的职位分析方法

  B. 要求观察者有足够的实际操作经验

  C. 要求工作应相对稳定

  D. 不适用于脑力劳动为主的工作

13. "检查与控制公司的财务、人力及其他资源"属于 MPDQ 的哪类工作要素　　　　　　　　　　　（　　）

  A. 行动的自主权   B. 重要财务责任

  C. 内部业务的控制   D. 财务的审批

14. 下列工作分析方法中,对培训效果的评估最为有用的是

             （　　）

  A. FJA   B. PAQ

  C. CIT   D. MPDQ

15. 与 MPDQ 设计思路最为近似的工作分析方法是　（　　）

  A. FJA   B. PAQ

  C. CIT   D. ARA

16. 工作写实的内容不包括　　　　　　　　　　　　　　　　（　　）
    A. 做什么　　　　　　　　　　B. 如何做
    C. 为什么做　　　　　　　　　　D. 做的效果如何

17. 主要适用于工作有明显差别并且工作分析时间又比较充分
    的访谈法类型是　　　　　　　　　　　　　　　　　　（　　）
    A. 个别员工访谈法　　　　　　B. 董事人员访谈法
    C. 群体访谈法　　　　　　　　D. 主管人员访谈法

18. 下列工作分析法中主要应用在绩效评价程序上的是　　（　　）
    A. 问卷法　　　　　　　　　　B. 工作日写实法
    C. 关键事件法　　　　　　　　D. 观察法

19. 不适用于脑力劳动为主的工作,还容易造成员工反感的工作
    分析方法是　　　　　　　　　　　　　　　　　　　　（　　）
    A. 观察法　　　　　　　　　　B. 问卷法
    C. 工作日志法　　　　　　　　D. 面谈法

20. 任何一项工作完成的技能都可由更基本的能力来加以描述
    的方法是　　　　　　　　　　　　　　　　　　　　　（　　）
    A. 能力要求法　　　　　　　　B. 文献分析法
    C. 主题专家会议法　　　　　　D. 关键事件法

二、多项选择题

1. 问卷调查法的优点有　　　　　　　　　　　　　　　　（　　）
    A. 比较节省时间和成本
    B. 可用于多种目的的职位分析
    C. 适用于需要对很多工作者进行调查的情况
    D. 调查的资源可以进行量化处理
    E. 调查结果的信度和效度比较高

2. 衡量 PAQ 的尺度有　　　　　　　　　　　　　　　　（　　）
    A. 身体灵活性
    B. 操作设备的能力

C. 处理资料的能力

D. 执行技术性工作的能耐

E. 具有决策、沟通和规划能力

3. 下列关于 PAQ 的说法中正确的有 （　　）

A. 针对的是员工而非工作

B. 针对的是工作而非员工

C. 时间成本很大

D. 问卷填写人通常为受过专业训练的人

E. 问卷填写人通常为任职者或者上级

4. 下列工作分析法中,属于客观描述方法的有 （　　）

A. 工作日写实法

B. 问卷调查法

C. 访谈法

D. 观察法

E. 关键事件法

5. 工作日写实根据观察对象和目的的不同可分为 （　　）

A. 个人工作日写实

B. 工组工作日写实

C. 多机床看管工作日写实

D. 自我工作日写实

E. 特殊工作日写实

6. 关键事件法对每一个事件的描述内容应包括 （　　）

A. 该事件的当事人及发生地点

B. 导致该事件发生的原因

C. 区分出员工行为的有效性

D. 能否认知关键行为的后果

E. 员工控制行为后果的能力

7. CIT 的优点有 （　　）

A. 对工作提供了一种完整的描述

B. 行为标准比较准确

C. 能确定行为的利益和作用

D. 不用花大量时间去收集"关键事件"

E. 能看到员工的整体绩效

8. 工作分析的访谈内容主要包括 （ ）

A. 工作报酬

B. 工作目标

C. 工作范围与性质

D. 工作内容

E. 工作责任

9. 主题专家会议法的具体形式有 （ ）

A. 专家会议调查法

B. 头脑风暴法

C. 个人判断法

D. 集体判断法

E. 无领导小组讨论法

10. 下列关于工作要素法说法正确的有 （ ）

A. 开放程度高

B. 评分过程比较简单

C. 操作方法和数值的标准转化过程具有一定的客观性

D. 它的发明者是约翰·弗莱内根

E. 是一种典型的开放式人员导向性工作分析系统

三、名词解释题

1. 职能工作分析法　　　　　2. 管理职位分析问卷法

3. 工作日写实法　　　　　　4. 关键事件法

5. 文献分析法　　　　　　　6. 主题专家会议法

7. 工作要素法　　　　　　　8. 测时法

四、简答题

1. 简要回答职位调查问卷法的优点。

2. 简要回答管理职位分析问卷法的优点。

3. 简述文献分析法应注意的问题。

4. 简述工作抽样法的运行步骤。

5. 简述测时法的基本功能。

五、论述题

论述工作日写实的意义。

六、案例分析题

爱家公司是一家多元化、综合型跨国企业集团,创始于 1957 年,其前身是国家"一五"期间的重点工程之一。历经多年的发展,企业已经由原来单一的军用品生产向军民用品结合的战略转变,成为集电视、空调、冰箱、IT、通信、网络、数码、芯片、能源、商用电子、电子产品、生活家电等产业研发、生产、销售、服务为一体的多元化、综合化集团。

随着全球经济一体化进程的加快,公司的发展也更加迅速,公司的管理层逐渐意识到,公司的管理制度在很多方面已经不能适应新的发展,改革势在必行。作为管理制度改革的基础,工作分析被首先提到了日程上。公司希望通过工作分析,使爱家公司各个职位的职责、权限、主要工作绩效指标和任职者基本要求等内容得到明确清晰的界定,为各项人力资源管理工作打下基础。在此过程中,公司需要理顺和调整一些不合理的岗位职责设置,并将新增加的岗位信息及时补充进去。公司人才被分成了六大类:生产流水线上的工人、技术人员、销售人员、售后服务人员、研发人员和管理人员。

问题:

技术人员适合采用哪些工作分析方法?要注意些什么问题?举例说明。

♛ 参考答案及评析

一、单项选择题

1.C　2.D　3.A　4.D　5.A　6.D　7.B　8.C　9.A　10.A
11.C　12.A　13.C　14.A　15.B　16.D　17.A　18.C　19.A
20.A

二、多项选择题

1.ABCD　2.ABCDE　3.CD　4.AD　5.ABCDE　6.BCDE
7.BC　8.BCDE　9.ABCD　10.ACE

三、名词解释题

1.职能工作分析法:又可称为功能性职位分析法,是以员工所需发挥的功能与应尽的职责为核心,列出加以收集与分析的信息类别,规定职位分析内容的分析方法。

2.管理职位分析问卷法:指利用工作清单专门针对管理职位分析而设计的一种工作分析方法。

3.工作日写实法:是指对操作者整个工作日的工时利用情况,按时间消耗的顺序,进行观察、记录和分析的一种方法。

4.关键事件法:又称关键事件技术,是指确定关键的工作任务以获得工作上的成功。

5.文献分析法:是通过现存的与工作相关的文档资料进行系统性分析,来获取工作信息的工作分析方法。

6.主题专家会议法:简称 SMEs 会议法,指与熟悉目标职位的组织内部人和外部人集思广益的过程。

7.工作要素法:是一种典型的、开放式人员导向性工作分析系统,该系统遵循德国心理学家冯特所提出的基本原则,即"在我们没有对最简单的东西熟悉之前不可能了解复杂的现象"。

8.测时法:是以工序或某一作业为对象,按照操作顺序进行实地观察、记录、测量和研究工时消耗的一种工作分析方法。

四、简答题

1.简要回答职位调查问卷法的优点。

答:职位调查问卷法的优点有:

(1)费用低,速度快,节省时间,可以在工作之余填写,不至于影响工作;

(2)调查范围广,可用于多种目的、多样用途的职位分析;

(3)调查样本量很大,适用于需要对很多工作者进行调查的情况;

(4)调查的资源可以数量化,由计算机进行数据处理。

2.简要回答管理职位分析问卷法的优点。

答:管理职位分析问卷法的优点:

(1)适用于不同组织内,管理层次以上的职位分析;

(2)为员工从事管理工作所需的培训和正确评价管理工作提供依据;

(3)为管理工作在工作族中归类提供了依据,也为工作族的建立奠定了基础;

(4)为薪酬管理、员工的选拔程序与绩效评估表的制订奠定了基础。

3.简述文献分析法应注意的问题。

答:文献分析法应注意的问题有:

(1)搜集文献应当客观、全面;

(2)材料与评论要协调、一致;

(3)针对性强;

(4)提纲要简单但要突出重点;

(5)适当使用统计图表;

(6)不能混淆文献中的观点和个人主观的思想。

4.简述工作抽样法的运行步骤。

答:工作抽样法的运行步骤有:

(1)明确调查目的;

(2)进行作业活动分类;

(3)确定观测次数;

(4)确定观察的时刻;

(5)进行现场观测;

(6)检验抽样数据;

(7)评价最后的抽样结果。

5.简述测时法的基本功能。

答:测时法的基本功能如下:

(1)以工序作业时间为消耗对象,为制订工时定额提供数据资料;

(2)提供测时,总结和推广先进的方法和经验并不断改进,减轻体力消耗和劳动强度;

(3)合理确定工作岗位的劳动负荷量,以便改善劳动组织,提高劳动生产率;

(4)为掌握岗位的劳动负荷量以及体力劳动强度分级提供数据;

(5)弥补其他工作分析无法获得的工时数据资料。

五、论述题

1.论述工作日写实的意义。

答:工作日写实的意义主要体现在以下几个方面:

(1)可以全面分析、研究工时利用的情况,找出工时损失的原因,拟定改进工时利用的措施;

(2)总结并推广工时利用的先进经验,帮助广大工人充分利用工时,提高劳动生产率;

（3）为制订或修订所需要的布置工作的时间、休息与生理需要时间，以及准备与结束时间提供资料；

（4）为最大限度增加作业时间、规定工人与设备在工作日内合理的负荷量，提供必要的数据。

六、案例分析题

答题要点：问卷法适用于脑力工作者、技术人员、管理工作者或工作不确定因素很大的员工，比如软件设计人员、行政经理等。问卷法比观察法更便于统计和分析。要注意的是，调查问卷的设计直接关系着问卷调查的成败，所以问卷一定要设计得完整、科学、合理。

第四章　工作分析的组织与实施

❋ 知识网络

第四章
- 工作分析的基本流程
  - 确定信息用途
  - 搜集背景信息
  - 选择工作进行分析
  - 搜集工作分析信息
  - 审查工作信息
  - 编写职业描述和工作规范
- 工作分析准备阶段
  - 确定信息类型
  - 确定信息渠道
  - 确定信息收集者
    - 工作分析专家
    - 工作任职者
    - 工作任职者上级主管
  - 确定收集信息方法
  - 确定工作分析目标和侧重点
  - 制订总体实施方案和流程
- 工作分析实施阶段
  - 与有关人员沟通
  - 制订实施操作计划
  - 收集与分析工作信息
    - 职位名称分析
    - 工作内容分析
    - 工作环境分析
    - 工作任职者的必备条件分析
- 工作分析结果形成阶段
  - 与有关人员共同审查和确认工作信息
  - 形成职位说明书
- 工作分析应用与反馈阶段
  - 职位说明书的培训与使用
  - 职位说明书使用的反馈与调整
- 工作分析实施中的常见问题及对策
  - 准备时期
  - 调查时期
  - 分析和编写时期
  - 试用和调整时期
  - 正式运用时期
  - 持续改进时期
- W公司工作分析实施方案
  - 背景、目的
  - 工作分析的内容和结果
  - 需要的资料
  - 工作分析的方法
  - 工作分析的实施者
  - 工作分析的实施程序

📖 学习目的与要求

通过本章的学习,深入理解和掌握工作分析的基本流程、工作分析各个阶段的主要内容以及工作分析实施中的常见问题及对策,并依据公司工作分析实施的具体方案对整章知识点进行运用与梳理。

⚙️ 考核重点

1. 工作分析的基本流程;

2. 工作分析准备阶段;

3. 工作分析实施阶段;

4. 工作分析结果形成阶段;

5. 工作分析应用与反馈阶段;

6. 工作分析实施中的常见问题及对策;

7. W 公司工作分析实施方案。

☀️ 同步强化训练

一、单项选择题

1. 工作分析用于招聘目的时,应该选用哪种工作信息收集方法

(　　)

　A. 定性的方法　　　　　　B. 考查任职者特征为中心的方法

　C. 考查工作为中心的方法　D. 定量的方法

2. 在下列工作信息的收集渠道中,来源于组织内部文献的是

(　　)

　A. 职业信息网络　　　　　B. 组织所服务的客户

　C. 劳动合同　　　　　　　D. 国内外的工作分类标准

3. 下列人员中,能够描述工作实际上是怎样做而不是工作应该怎么做的是 （　　）

    A. 工作任职者　　　　　　B. 任职者的上级主管

    C. 工作分析专家　　　　　D. 员工所服务的客户

4. 工作分析过程的核心阶段是 （　　）

    A. 制订具体的实施操作计划　B. 实际收集与分析工作信息

    C. 与有关人员进行沟通　　　D. 编写职位说明书

5. 作为组织规划与设计的基础,并且作为企业薪酬管理等工作依据的是 （　　）

    A. 工作分析　　　　　　　B. 人力资源规划

    C. 培训与开发　　　　　　D. 绩效管理

6. 下列选项中,属于员工工作所处社会环境的是 （　　）

    A. 工作的危险性　　　　　B. 工作环境的温度

    C. 工作地点的生活方便程度　D. 工作环境的辐射

7. 没有把工作分析阶段性成果和最终成果及时反馈给员工的情况出现在 （　　）

    A. 分析和编写时期　　　　B. 试用和调整时期

    C. 正式运用时期　　　　　D. 持续改进时期

8. 职位说明书在实践中没有被有效应用的解决途径是 （　　）

    A. 加深对职位说明书的功能、用途的认识

    B. 进行有针对性的员工培训

    C. 把职位说明书当成管理工具

    D. 编制出工作分析的管理制度

9. 下列选项中,关于聘请外部专家进行工作分析说法错误的是 （　　）

    A. 对组织内问题的分析更加客观、可信

    B. 通常采用观察或者访谈的方法收集信息

    C. 能够系统地收集和分析工作信息

    D. 对具体的工作业务有充分的了解

10. 当使用部门提出修改建议后,编写部门没有尽快进行修改的情况出现在 （ ）

    A. 分析和编写时期 　　　 B. 试用和调整时期

    C. 正式运用时期 　　　　 D. 持续改进时期

11. 在工作分析设计的调整过程中,所有的修改必须填写（ ）

    A. 修改分析单 　　　　 B. 职位说明书

    C. 职位分析问卷 　　　 D. 工作流程图

12. 下列选项中,属于在工作分析持续改进时期的问题是（ ）

    A. 未将成果及时反馈给员工

    B. 将设计好的职位说明书直接使用

    C. 编写部门未及时关注修改意见

    D. 职位说明书没有被有效应用

13. 在一个新成立的组织中,实施工作分析的侧重点是 （ ）

    A. 测算每个岗位的工作点

    B. 衡量每项工作任务的标准

    C. 明确任职者的要求

    D. 明确职位的工作职责、权限和关联关系

14. 下列属于发生在工作分析调查时期的是 （ ）

    A. 目的不明确 　　　　　 B. 宣传不到位

    C. 工作分析小组成员的不稳定 　 D. 信息来源不准确

15. 下列属于在工作分析的分析和编写时期,应该注意的工作是 （ ）

    A. 根据不同对象设计问卷

    B. 使用规范用语

    C. 让员工正确认识工作分析的本质

    D. 把业务流程规划和工作分析相结合

16. 与有关人员的沟通处于工作分析的哪一阶段 （ ）

    A. 准备阶段 　　　　　 B. 实施阶段

    C. 结果形成阶段 　　　 D. 应用反馈阶段

17. 当在一个新成立的组织中或在一个刚刚进行了组织重组的组织中实施工作分析时,分解到各个职位的是组织的（　　）

A. 职能　　　　　　　　B. 职权

C. 职责　　　　　　　　D. 职务

18. 不仅确定了每一职位的名称,而且用相互联结的直线明确表明了谁应当向谁汇报工作,以及工作的承担者将同谁进行信息交流的是　　　　　　　　　　　　　　　　（　　）

A. 组织图　　　　　　　B. 工作流程图

C. 职位说明书　　　　　D. 工作规范

19. 全面反映工作对从业人员的品质、特点、技能以及工作背景或经历等方面要求的书面文件是　　　　　　　　（　　）

A. 职位说明书　　　　　B. 工作流程图

C. 工作规范　　　　　　D. 组织图

20. 由组织内部的专家进行工作分析的优点是　　　（　　）

A. 对问题的分析更客观　　B. 具备丰富的工作分析经验

C. 节省人员开支费用　　　D. 对具体工作业务更加了解

二、多项选择题

1. 工作内容的分析包括　　　　　　　　　　　　（　　）

A. 工作任务　　　　　　B. 工作责任

C. 工作权限　　　　　　D. 工作关系

E. 工作量

2. 在工作信息的收集渠道中,来源于组织内部的文献有（　　）

A. 组织现有的政策文献　　B. 劳动合同

C. 以前的职位说明书　　　D. 人力资源管理文献

E. 工作职责描述

3. 工作任职者所应具有的最低资格条件,主要包括　（　　）

A. 必备的知识　　　　　B. 必备的身体素质

C. 必备的经验　　　　　D. 必备的操作能力

E.必备的个性特征

4.在工作分析结果的应用与反馈阶段的工作包括 （ ）

A.职位说明书的培训　　B.职位说明书使用的反馈

C.职位说明书的使用　　D.职位说明书的设计

E.职位说明书使用的调整

5.在工作分析的分析和编写阶段,应该注意的工作包括 （ ）

A.让员工正确认识工作分析的本质

B.和咨询顾问合作

C.使用规范用语

D.根据不同对象设计问卷

E.积极与工作职位负责人沟通

6.工作分析的总体实施方案内容通常包括 （ ）

A.工作分析方法的选择　　B.界定待分析的工作样本

C.工作分析的目的和意义　D.工作分析的应用与反馈

E.所需的背景资料和配合

三、名词解释题

1.职位说明书　　2.工作规范　　3.基于流程的工作分析

4.基于岗位的工作分析　　5.基于操作的工作分析

四、简答题

1.简要回答与参与工作分析的有关人员进行沟通的目的。

2.简要回答对工作信息的收集和分析包括的内容。

3.简要回答在工作分析阶段需要注意的内容。

4.简要回答在工作分析调查时期应做好的工作。

五、论述题

1.论述工作分析的基本流程。

2.论述在工作分析开始前需要做好的工作。

六、案例分析题

W 公司的工作分析案例

W 公司是我国中部省份的一家房地产开发公司。近年来,随着当地经济的迅速增长,房产需求强劲,公司飞速发展,规模持续扩大,逐步发展为一家中型房地产公司。随着公司的发展壮大,员工人数大量增加,众多的组织和人力资源治理问题逐渐凸显出来。

公司现有的组织结构是基于创业时的公司规划,随着业务扩张的需要逐渐形成的,在运行的过程中,组织与业务上的矛盾已经逐渐凸显出来。部门之间职位之间的职责与权限缺乏明确的界定,扯皮推诿的现象不断发生;有的部门抱怨事情太多,人手不够,任务不能按时按质按量完成;有的部门又觉得人员冗杂,人浮于事,效率低下。

公司的人员招聘方面,用人部门给出的招聘标准往往比较含糊,招聘主管无法准确地加以理解,使得招来的人大多差强人意。同时目前的许多岗位不能做到人事匹配,员工的能力不能得到充分发挥,严重挫伤了士气,影响工作效果。公司员工的晋升以前由总经理直接决定。现在公司规模大了,总经理已经几乎没有时间来与基层员工和部门主管打交道,基层员工和部门主管的晋升只能根据部门经理的意见而决定。而在晋升中,上级与下属的私人感情成为决定性的因素,有才干的人往往并不能得到提升。因此,许多的优秀员工因看不到自己未来的前途而另寻高就。在激励机制方面,公司缺乏科学的绩效考核和薪酬制度,考核中的主观性和随意性非常严重,员工的报酬不能体现其价值与能力,人力资源部经常可以听到大家对薪酬的抱怨和不满,这也是人才流失的重要原因。

面对这样严重的形势,人力资源部开始着手进行人力资源治理的变革,变革首先从进行职位分析,确定职位价值开始。职位分析、职位评价究竟如何开展,如何抓住职位分析、职位评价过程中的要害点,为公司本次组织变革提供有效的信息支持和基础保证是摆在 W

公司面前的重要课题。

首先,他们开始寻找进行职位分析的工具和技术。在阅读国内目前流行的有关基本职位分析的书籍之后,他们从中选取了一份职位分析问卷来作为收集职位信息的工具。然后,人力资源部将问卷发放到了各个部门经理手中,同时他们还在公司的内部网上也发了一份关于开展问卷调查的通知,要求各部门配合人力资源部的问卷调查。

据反映,问卷在下发到各部门后一直搁置在各部门经理手中,而没有下发下去。很多部门是直到人力资源部开始催收时才把问卷发放到每个人手中。同时,由于大家都很忙,很多人在拿到问卷之后,都没有时间仔细思考,草草填完了事。还有很多人在外地出差或有任务缠身,自己无法填写而由同事代笔。此外,据一些较为重视这次调查的员工反映,大家都不了解这次问卷调查的意图,也不理解问卷中那些生疏的治理术语,比如何为职责,何为工作目的。很多人就疑难问题向人力资源部进行询问,可是也不知道具体该找谁。因此,在填写问卷时只能凭借自己个人的理解来填写,无法把握填写的规范和标准。

一个星期后,人力资源部收回了问卷。但他们发现,问卷填写的效果不太理想,有一部分问卷填写不全,一部分问卷答非所问,还有一部分问卷根本没收上来。辛劳调查的结果没有发挥它应有的价值。

与此同时,人力资源部也着手选取一些职位进行访谈。但在试着访谈了几个职位之后,发现访谈的效果也不好。因为,在人力资源部,能够对部门经理访谈的只有人力资源部经理一人,主管和一般员工都无法与其他部门经理进行沟通。同时,由于经理们都很忙,能够把双方凑到一块,实在不易。因此,两个星期过去,只访谈了两个部门经理。

人力资源部的几位主管负责对经理级以下的人员进行访谈,但在访谈中,出现的情况却出乎意料。大部分时间都是被访谈人发牢骚所占用,指责公司的治理问题,抱怨自己的待遇不公等,而在分析相关的内容时,被访谈人往往又言辞闪烁,顾左右而言他……访谈结束后,访谈人都反映对该职位的熟悉还是停留在模糊的阶段。这样持续了两个星期,访谈了大概1/3的职位。王经理认为时间不能再拖延下去了,因此决定开始进入下一个阶段——撰写职位说明书。

可这时,各职位的信息收集却还不完全。怎么办呢?人力资源部在无奈之中,不得不另觅他途。于是,他们通过各种途径从其他公司收集了许多职位说明书,试图以此作为参照,结合问卷和访谈收集的一些信息来撰写职位说明书。

在撰写阶段,人力资源部还成立了几个小组,每个小组专门负责起草不同部门的职位说明,并且还要求各组在两个星期里完成任务。在起草职位说明书的过程中,人力资源部的员工都颇感为难,一方面不了解别的部门的工作,问卷和访谈提供的信息又不准确;另一方面,大家又缺乏写职位说明书的经验。因此,写起来都觉得很费劲。规定的时间快到了,很多人为了交稿不得不急急忙忙,东拼西凑了一些材料,再结合自己的判定,最后成稿。

最后,职位说明书终于出台了。人力资源部将成稿的职位说明书下发到各个部门,同时,还下发了一份文件,要求各部门按照新的职位说明书来界定工作范围,并按照其中规定的任职条件来进行人员的招聘、选拔和任用。但这却引起了其他部门的强烈反对,很多直线部门的治理人员甚至公开指责人力资源部,说人力资源部的职位说明书是一堆垃圾,完全不符合实际情况。

于是,人力资源部与相关部门召开了一次会议来推动职位说明书的应用。人力资源部经理本来是想通过会议来说服各部门支持这次项目。但结果却恰恰相反,在会上,人力资源部遭到了各部门的一致批评。同时,人力资源部由于对其他部门不了解,对其他部门所提出的很多问题也无法进行解释和反驳,因此,会议的最终结论是,让人力资源部重新编写职位说明书。后来,经过多次重写和修改,职位说明书仍无法令人满意。最后,职位分析项目不了了之。

人力资源部的员工在经历了这次失败的项目后,对职位分析彻底丧失了信心。他们认为,职位分析只不过是"雾里看花,水中望月"的东西,说起来挺好,实际上没什么大用,而且认为职位分析只能针对西方国家那些治理先进的大公司,拿到中国的企业来,根本行不通。原来雄心勃勃的人力资源部经理也变得灰心丧气,对这次失败耿耿于怀,对项目失败的原因也是百思不得其解。

问题:

1.该公司为什么决定从职位分析入手来实施变革,这样的决定正确吗? 为什么?

2.在职位分析项目的整个组织与实施过程中,该公司存在着哪些问题?

参考答案及评析

一、单项选择题

1.B　2.C　3.A　4.B　5.A　6.C　7.D　8.D　9.D　10.B
11.A　12.A　13.D　14.D　15.B　16.B　17.A　18.A　19.C
20.D

二、多项选择题

1.ABCDE　2.ABCDE　3.ABCDE　4.ABCE　5.BC　6.ABCE

三、名词解释题

1.职位说明书:是对职位的目的、职责、任务、权限、任职者基本条件等的书面描述。

2.工作规范:是全面反映工作对从业人员的品质、特点、技能以及工作背景或经历等方面要求的书面文件。

3基于流程的工作分析:是对企业的业务流程所涉及的各项工

作的种类和属性进行分析。

4.基于岗位的工作分析:是针对具体岗位的职责范围、工作内容、工作条件、权限安排以及任职者所应具备的知识技能素质和生理心理素质等因素所进行的分析。

5.基于操作的工作分析:是对某一项具体工作的操作过程、步骤所进行的分析,这类分析是企业制订岗位操作规程的依据。

四、简答题

1.简要回答与参与工作分析的有关人员进行沟通的目的。

答:参与工作分析的有关人员进行沟通的目的主要有三个:

(1)让参与工作分析的有关人员了解工作分析的目的和意义,消除内心的顾虑和压力,争取他们在实际收集信息时的支持与合作;

(2)参加工作分析的人了解工作分析大致需要进行多长时间,大概的时间进度是怎样的;

(3)让参加工作分析的有关人员初步了解工作分析中可能会使用到的方法,以及在各种方法中他们需要如何进行配合,如何提供信息。

2.简要回答对工作信息的收集和分析包括的内容。

答:一般来说,对工作信息的收集和分析通常包括以下的内容。

(1)职位名称分析。对职位的名称进行分析时,应注意使职位名称标准化,并符合人们一般的理解,使人们通过职位的名称可以了解职位的性质和内容。

(2)工作内容分析。工作内容分析是为了全面地认识了解工作。

(3)工作环境分析。主要包括工作的物理环境、工作安全环境、社会环境。

(4)工作任职者的必备条件分析。确定工作任职者所应具有的最低资格条件。

3.简要回答在工作分析阶段需要注意的内容。

答:在分析阶段,还须注意以下三点:

（1）仔细审核、整理获得的各种信息；

（2）创造性地分析、发现有关工作和工作人员的关键成分；

（3）归纳、总结出工作分析必需的材料和要素。

4.简要回答在工作分析调查时期应做好的工作。

答：在工作分析调查时期我们应该做好以下工作：

（1）通过让员工正确认识工作分析的本质来解决信息正确问题；

（2）根据不同对象设计问卷，在访谈前，我们应该把要问的问题系统整理出来，并根据不同访谈对象采用不同的问题；

（3）把业务流程规划和工作分析相结合。

五、论述题

1.论述工作分析的基本流程。

答：一般来说，在做工作分析的时候，有以下几个基本步骤和流程。

（1）确定工作分析信息的用途。首先，在一开始要明确工作分析所获得的信息将用于何种目的。其理由是：工作分析所获得信息的用途直接决定了需要搜集何种类型的信息，以及使用何种技术来搜集这些信息。

（2）搜集与工作有关的背景信息。接下来，可以先看看那些可得到的与工作有关的背景信息，如组织图、工作流程图和职位说明书等。

（3）选择有代表性的工作进行分析。当需要分析的工作有很多但它们彼此又比较相似的时候，选择典型工作进行分析，显然是十分必要同时也是比较合适的。

（4）搜集工作分析的信息。在这一步，就是要通过搜集有关工作活动、工作对员工行为的要求、工作条件、工作对人员自身条件（如个人特点与执行工作的能力等）的要求等方面的信息来进行实际的工作分析。

（5）同承担工作的人共同审查所搜集到的工作信息。这一核对工作有助于确定工作分析所获得的信息是否正确、完整,同时也有助于确定这些信息能否被所有与被分析工作相关的人所理解。

(6)编写职位描述和工作规范。大多数情况下,在完成了工作分析之后,都要编写职位描述和工作规范。

2.论述在工作分析开始前需要做好的工作。

答:在工作分析开始前我们要做好以下的工作。

(1)明确工作分析的目的和意义。首先要明确工作分析的目的,向员工宣传并与其达成共识。

(2)取得高层的支持和认可。在职位说明书编写之前,要和公司的高层领导充分讨论,正确定位职位说明书编写的意义和价值,并取得领导对工作分析的理解、支持和认同。

(3)加强工作分析小组的管理。在确定工作分析项目小组成员后,首先要对小组成员进行工作分析,明确各自的分工、流程、时间表和阶段成果,并要求每个成员在工作中保留过程文档。同时坚持每天开早会,反馈前一天的工作成效和当天的工作计划。

(4)争取各部门管理者和员工的参与配合。员工的主动参与是工作分析的关键。在编写职位说明书时,各部门的管理者以及员工是主体,只有他们才最了解工作的实际情况。

六、案例分析题

答题要点:

1.职位分析是招聘及人才甄选、培训开发、绩效考核、薪酬分配和组织内部进行沟通的基础,可以提高组织运营效率和改善离职率,针对公司的现状从职位分析入手是正确的。W公司的组织结构不合理,需要进行组织变革,各部门之间以及部门与部门之间职责与职权分配不明确,人员分配不合理;在招聘时,招聘标准含糊,招聘的人员不符合岗位需求,现有岗位人事不相匹配,打击员工积极性,影响工作效率;缺乏科学的绩效考核和薪酬制度,在晋升及考核中主观性严重,易形成裙带关系,近亲繁殖;缺乏对员工的职业生涯规划造成人员流动率过大,人才流失严重。

2. W 公司在进行职位分析时前期准备不足:没有设置专业负责问卷的岗位,在设置问卷时生硬地从书籍中抽取一份,没有结合公司的实际情况,问卷中专业术语过多没有考虑到员工的理解程度,没有与其他部门进行沟通,没有告知问卷调查的意图。

解决方案:成立工作分析小组,由各部门的经理组成,总经理作为组长。

第五章 职位描述的构建

❉ 知识网络

职位描述的内容 { 职位描述的编写
职位描述的含义及组成

建立对职位的系统理解 { 职位与组织之间的关系 { 基于未来的职位分析选择
基于未来的职位分析
职位内在各要素之间的关系

工作标志与工作概要 { 工作标志
工作概要（目的、获取方法、写法）

工作范围（人力资源、财务资源、活动范围）

第五章

工作职责
- 内涵与特点
- 职责梳理的方法 { 基于战略的职责分解
基于流程的职责分析
- 职责的书写 { 职责书写的格式
职责描述常用动词
职责描述的书写规则
职责描述的典型错误
职责描述书写的次序安排
- 职责的定量化信息
- 履行程序（责任细分）

工作权限
- 概念
- 与组织分权的关系
- 度量尺度和建立方法
- 表示方法

业绩标准
- 内涵与意义
- 与考核指标的关系
- 类型
- 提取方法 { 正向业绩标准的提取
反向业绩标准的提取
- 业绩标准的筛选

工作关系 { 组织图
工作联系

工作压力因素与工作环境 { 工作压力因素
工作环境

学习目的与要求

通过本章的学习,深入理解和掌握职位描述的基本概念、包含的主要内容以及建立对职位的系统理解。同时,对工作标志、范围、职责、权限、关系和业绩标准有一个系统性的理解和认识,了解工作压力因素与环境两者对工作的影响。

考核重点

1. 职位描述的内容;

2. 建立对职位的系统理解;

3. 工作标志与工作概要;

4. 工作范围;

5. 工作职责;

6. 工作权限;

7. 业绩标准;

8. 工作关系;

9. 工作压力因素与工作环境。

同步强化训练

一、单项选择题

1. 某职位在组织中的位置属于　　　　　　　　　　　（　　）

    A. 工作标志　　　　　　　B. 工作概要

    C. 工作关系　　　　　　　D. 工作职责

2. 某职位能够直接控制的资源数量和质量属于　　　（　　）

    A. 工作范围　　　　　　　B. 工作权限

    C. 工作条件　　　　　　　D. 工作关系

3. 在工作标志与工作概要的基础上,进一步对职位的内容加以
   细化的部分是　　　　　　　　　　　　　　　　　　　（　　）
   A. 工作范围　　　　　　　　　　B. 工作标志
   C. 工作职责　　　　　　　　　　D. 工作关系

4. 在职责内在关系中,职责与职责之间不存在顺承关系的是
   　　　　　　　　　　　　　　　　　　　　　　　　　（　　）
   A. 混合型　　　　　　　　　　　B. 网络型
   C. 并列型　　　　　　　　　　　D. 流程型

5. 存在着一个具有总结性的职责,其余职责都为这一职责提供
   输入的职位流程类型是　　　　　　　　　　　　　　　（　　）
   A. 并列型　　　　　　　　　　　B. 网络型
   C. 流程型　　　　　　　　　　　D. 混合型

6. 是对工作职责的进一步分解,针对每项工作职责具体如何完
   成的过程性描述的是　　　　　　　　　　　　　　　　（　　）
   A. 工作职责　　　　　　　　　　B. 工作标志
   C. 履行程序　　　　　　　　　　D. 工作关系

7. 履行程序关注的是　　　　　　　　　　　　　　　　（　　）
   A. 主要做什么　　　　　　　　　B. 为什么要做
   C. 如何做　　　　　　　　　　　D. 谁去做

8. 职位对任职者造成的工作压力属于　　　　　　　　　（　　）
   A. 工作压力　　　　　　　　　　B. 工作条件
   C. 工作关系　　　　　　　　　　D. 工作职责

9. 根据该职位的工作目标与工作职责,组织赋予该职位的决策
   范围、层级与控制力度的是　　　　　　　　　　　　　（　　）
   A. 工作权限　　　　　　　　　　B. 工作标志
   C. 工作范围　　　　　　　　　　D. 工作关系

10. 在明确界定工作职责的基础上对如何衡量每项职责完成情
    况的规定称之为　　　　　　　　　　　　　　　　　（　　）
    A. 业绩标准　　　　　　　　　　B. 履行程序
    C. 变量标准　　　　　　　　　　D. 职责分解

11. 在以考核为导向的职位描述中必须包含的关键部分是
                                                              ( )

   A. 工作权限   B. 履行程序

   C. 业绩变量   D. 职责分解

12. 由于工作本身或工作环境的特点给任职者带来不适的因素
   是指   ( )

   A. 工作环境因素   B. 工作技术因素

   C. 工作时间因素   D. 工作压力因素

13. 在薪酬理论中因为常常得到额外的补偿性工资而作为职位
   评价中的要素出现的是   ( )

   A. 工作压力因素   B. 工作技术因素

   C. 工作时间因素   D. 工作环境因素

14. 职位分析对工作环境条件的关注主要集中在   ( )

   A. 工作环境对员工效率的影响

   B. 工作环境对员工满意度的影响

   C. 工作环境对人体的影响

   D. 工作环境对机器的影响

15. 在工作联系中与子公司人事部联系的主要内容是   ( )

   A. 业务协商   B. 业务指导

   C. 人员招聘   D. 人员培训

16. 在工作联系中与高校和猎头公司联系的主要内容是   ( )

   A. 业务协商   B. 业务指导

   C. 人员招聘   D. 人员培训

17. 业绩标准中,反映业绩变量受任职者工作行为影响大小的是
                                                              ( )

   A. 关键性   B. 可控性

   C. 可操作性   D. 上级职位的认可

18. 业绩标准中,反映业绩变量对该职位最终完成效果影响程度的是 （　　）

    A. 关键性   B. 可控性

    C. 可操作性   D. 上级职位的认可

19. 批准本部门新员工的录用属于工作权限中的 （　　）

    A. 财务权限   B. 重大业务权限

    C. 人事权限   D. 一般业务权限

20. "批准本部门 6 000 元以内的差旅费"属于工作权限中的

                                        （　　）

    A. 财务权限   B. 重大业务权限

    C. 人事权限   D. 一般业务权限

二、多项选择题

1. 工作范围主要包括的内容有 （　　）

    A. 技术资源   B. 财务资源   C. 人力资源

    D. 活动范围   E. 信息资源

2. 工作职责的基本特征包括 （　　）

    A. 完备性   B. 独立性   C. 成果导向

    D. 系统性   E. 稳定性

3. 在实际的职位分析中,我们常常用到的职责定量化信息主要包括 （　　）

    A. 各项职责的权限大小

    B. 各项职责所花费时间的百分比

    C. 各项职责的重要性排序

    D. 各项职责的分配

    E. 各项职责的复杂程度

4. 下列职责定量化数据中,属于评价性数据的有 （　　）

    A. 对职位的隶属度   B. 职责的重要性

C. 职责的复杂性　　　　　　D. 执行的频率

E. 职责的失误后果

5. 下列职责定量化数据中,属于描述性数据的有　　　　　(　　)

A. 对职位的隶属度　　　　　B. 职责的重要性

C. 职责的复杂性　　　　　　D. 执行的频率

E. 职责的失误后果

6. 业绩标准的筛选标准有　　　　　　　　　　　　　(　　)

A. 关键性　　　　B. 可控性　　　　　C. 可操作性

D. 上级职位的认可　　　　　E. 同行的业绩水平

三、名词解释题

1. 职位描述　　　　　　　2. 工作标志

3. 工作概要　　　　　　　4. 工作范围

5. 工作职责　　　　　　　6. 工作权限

四、简答题

1. 简要回答基于战略的职责分解的具体步骤。

2. 简要回答流程分析的步骤。

五、论述题

1. 论述流程分析的目标与意义。

2. 论述业绩标准的提取方法。

六、写作题

1. 以销售部经理为例,写出其工作概要。

2. 以人力资源部经理为例,写出其一项工作职责。

3. 以某业务部门经理为例,分别写出其人事权限、财务权限、重大业务权限。

七、案例分析题

王强到底要什么样的工人

"王强,我一直想象不出你究竟需要什么样的操作工人",江山机械公司人力资源部负责人李进说,"我已经给你提供了4位面试人选,他们好像都还满足职位说明中规定的要求,但你一个也没有录用。"

"什么职位说明?"王强答道,"我所关心的是找到一个能胜任那项工作的人。但是你给我提供的人都无法胜任,而且,我从来就没有见过什么职位说明。"

李进递给王强一份职位说明,并逐条解释给他听。他们发现,要么是职位说明与实际工作不相符,要么是职位说明规定了以后,实际工作又有了很大变化。例如,职位说明中说明了有关老式钻床的使用经验,但实际工作中所使用的是一种新型数字式钻床。为了有效地使用这种新机器,工人们必须掌握更多的数字知识。

听了王强对操作工人必须具备的条件及应当履行职责的描述后,李进说:"我想我们现在可以写一份准确的职位说明,以其为指导,我们就能找到适合这项工作的人。让我们今后加强工作联系,这种状况就再也不会发生了。"

问题:

王强认为人力资源部找来的4位面试人选都无法胜任,根本原因在哪里?

♛ 参考答案及评析

一、单项选择题

1. C　2. A　3. C　4. C　5. B　6. C　7. C　8. A　9. A　10. A
11. C　12. D　13. A　14. C　15. B　16. C　17. B　18. A　19. C
20. A

二、多项选择题

1．BCD　2．ABCDE　3．BCE　4．BCE　5．AD　6．ABCD

三、名词解释题

1．职位描述：是对职位本身的内涵和外延加以规范的描述性文件。其主要内容包括工作的目的、职责、任务、权限、工作的环境条件、工作的负荷等。

2．工作标志：是关于职位的基本信息，是一职位区别于其他职位的基本标志。

3．工作概要：又称为工作目的，是指用非常简洁和明确的一句话来表述该职位存在的价值和理由。

4．工作范围：是指该职位的任职者所能掌控的资源数量和质量，以及该职位的活动范围。

5．工作职责：指该职位通过一系列什么样的活动来实现组织的目标，并取得什么样的工作成果。

6．工作权限：是指根据该职位的工作目标与工作职责，组织赋予该职位的决策范围、层级与控制力度。

四、简答题

1．简要回答基于战略的职责分解的具体步骤。

答：基于战略的职责分解的具体步骤包括：

(1)确定职位目的；

(2)分解关键成果领域；

(3)确定职责目标；

(4)确定达成职责目标的行动；

(5)形成初步的职责描述。

2．简要回答流程分析的步骤。

答：流程分析的具体步骤包括：

(1)通过职位内分析，理顺职位内部各项职责之间的逻辑关系；

(2)通过职位间分析，寻找职位的流程入口与出口；

(3)去除职位之间的职责重叠，填补职责真空；

(4)明确职位在各项职责中扮演的角色,并用规范化的动词进行描述。

五、论述题

1.论述流程分析的目标与意义。

答:所谓流程,是指完成某项职能的一系列相互衔接的步骤。这些相互衔接的步骤与职位相交叉,形成职位各项工作职责与任务。在职位分析中,基于流程的分析是建立在基于战略与职位目的分析的基础之上的分析技术。通过流程分析,主要要实现两个方面的目标:

(1)要理清该职位与其他相关职位之间的职责边界;

(2)要界定该职位在各项职责上所扮演的角色,进一步描述职责的准确性和规范化。

2.论述业绩标准的提取方法。

答:(1)正向业绩标准的提取。正向业绩标准的提取,主要有两种方式:一种是直接以结果为导向,将职责所要达成的目标的完成情况作为业绩标准;另一种方法则是通过分析在职责完成的整个流程中存在着哪些关键点,从这些关键点中找到对整个职责的完成效果影响最大、最为重要的关键点来作为业绩标准。

(2)反向业绩标准的提取。反向业绩标准可以在正向业绩标准不易提取,或者不具有可操作性的情况下采用。对反向标准的提取,主要是要回答这样一个问题,"该项职责如果完成得不好,可以表现在哪些方面"。反向业绩标准通常可以从以下几类中来进行挑选:差错率、失误率、时间延误、违纪次数、投诉次数(率)。

六、写作题

1.以销售部经理为例,写出其工作概要。

答:根据公司的销售战略,利用和调动销售资源,管理销售过程、销售组织、销售关系,开拓和维护市场,以促进公司经营目标和销售目标的实现。

2.以人力资源部经理为例,写出其一项工作职责。

答:组织拟订、修改和实施公司的人力资源需求计划,使公司员工队伍结构合理,素质优良。

3.以某业务部门经理为例,分别写出其人事权限、财务权限、重大业务权限。

答:人事权限——批准本部门新员工的录用。

财务权限——批准本部门 3 000 元以内的办公用品购置费、20 000 元以内的设备购置费、30 000 元以内的固定资产购置费。

重大业务权限——批准××范围以内的图纸变更,批准××材料质量检查。

七、案例分析题

答题要点:职位说明是人员选拔和任用的依据。从本案例中看到实际工作发生了变化,"工作分析"这项工作没有跟上去,致使职位说明书没有做相应的调整,对操作工人的任用条件与实际要求不符,直接导致来应聘的员工都无法胜任工作,招聘失败,间接导致新机器闲置,成本加大。

第六章　任职资格的构建

第
六
章
- 关于任职资格的基本概念
  - 任职资格的含义
  - 职位分析中的任职资格
  - 显性任职资格与隐性任职资格
- 建立任职资格的基本方法
  - 基于逻辑推导的任职资格体系
    - 以工作为导向
    - 以人员为导向
  - 基于定量化职位分析方法的任职资格推断
  - 基于统计数据验证的任职资格体系
    - 基于企业实证数据
    - 基于公共数据资源
  - 各种方法的比较
- 显性任职资格
  - 教育程度
  - 工作经验
  - 工作技能
  - 培训要求
- 隐性任职资格
  - 能力模型的构建
  - 建立分层分类的能力要素体系
  - 确定职位的能力要素
  - 能力要素的等级界定

📖 学习目的与要求

通过本章的学习,深入理解和掌握任职资格的基本概念,建立任职资格的基本方法,了解显性任职资格和隐性任职资格的概念和区别,熟悉掌握三种企业整体能力构建模型(冰山素质模型、GATB能力倾向模型和自主开发能力模型)的内容和特点。

🔆 考核重点

1. 任职资格的含义和内容;
2. 显性任职资格与隐性任职资格的概念和区别;
3. 建立任职资格的基本方法;
4. 冰山素质模型、GATB能力倾向模型和自主开发能力模型;
5. 能力要素的三种等级尺度的优缺点比较。

🌞 同步强化训练

一、单项选择题

1. 职位分析中的任职资格又称为　　　　　　　　　(　　)

    A. 工作规范　　　　　　　　B. 工作分析

    C. 职务分析　　　　　　　　D. 职位规范

2. 工作分析中通常把任职资格区分为　　　　　　　(　　)

    A. 一般任职资格与特殊任职资格

    B. 显性任职资格与隐性任职资格

    C. 短期任职资格与长期任职资格

    D. 内部任职资格与外部任职资格

3.打破传统的能力与个性之间、"能做什么"与"乐于做什么"之
间界限的模型是　　　　　　　　　　　　　　　（　　）

A.现代能力模型　　　　　　　B.传统能力模型

C.HAY冰山素质模型　　　　　D.GATB能力倾向模型

4.隐性任职资格与下列哪个选项相关性更高　　　　（　　）

A.工作经验　　　　　　　　　B.工作态度

C.工作绩效　　　　　　　　　D.工作环境

5.下列说法中错误的是　　　　　　　　　　　　　（　　）

A.显性任职资格可以通过背景审查、资格证书等方法来进
行证明和衡量

B.显性任职资格准确性不高

C.隐性任职资格测量的准确性较低

D.隐性任职资格与工作绩效的相关性更高

6.从导致任职者获得成功的关键行为去分析任职者需要具备何
种素质特征的推导方法是　　　　　　　　　　　（　　）

A.以工作为导向的推导方法　　B.以人员为导向的推导方法

C.基于定量化职位分析方法　　D.基于公共数据的方法

7.下列说法中正确的是　　　　　　　　　　　　　（　　）

A.以工作为导向的推导方法依赖于量化的职位分析问卷

B.以行为为导向的推导方法具有普遍的适用性

C.基于定量化职位分析方法仅用于通用要素

D.基于公共数据的方法成本较高

8.下列建立任职资格的方法中成本最低的是　　　　（　　）

A.基于公共数据的方法

B.基于企业实证数据的方法

C.基于定量化职位分析方法

D.以工作为导向的任职资格推导方法

9. 下列建立任职资格的方法中准确性最高的是 　　　　（　　）

   A. 以工作为导向的任职资格推导方法

   B. 以人员为导向的推导方法

   C. 基于定量化职位分析方法

   D. 基于企业实证数据的方法

10. 下列不属于教育程度度量尺度"教育年限加专业"优点的是

　　　　　　　　　　　　　　　　　　　　　　　（　　）

   A. 度量方法较为简洁

   B. 易于理解和测度

   C. 应用范围很广

   D. 可以用来衡量自学成才的人

11. 社会经验的四个层次中处在最外层的是 　　　　（　　）

   A. 一般工作经验　　　　　　B. 专业工作经验

   C. 管理工作经验　　　　　　D. 相关专业工作经验

12. 社会经验的四个层次中处在最里层的是 　　　　（　　）

   A. 管理经验　　　　　　　　B. 一般工作经验

   C. 专业工作经验　　　　　　D. 相关专业工作经验

13. "会处理抽象和具体的变量"描述的是 DOT 量表中的能力维

   度是 　　　　　　　　　　　　　　　　　　（　　）

   A. 推理能力　　　　　　　　B. 数学能力

   C. 语言能力　　　　　　　　D. 想象能力

14. 教育程度与工作经验的关系是 　　　　　　　（　　）

   A. 可以相互替代　　　　　　B. 可以相互补充

   C. 相互排斥　　　　　　　　D. 没有关系

15. 以职位评价与薪酬为导向的培训时间度量单位是 　（　　）

   A. 年　　　　B. 季　　　　C. 月　　　　D. 日

16. 以人力资源开发为导向的培训时间度量单位是 （ ）

    A. 年   B. 季   C. 月   D. 周

17. 冰山素质模型分为能够做什么和 （ ）

    A. 应该做什么   B. 愿意做什么

    C. 不能做什么   D. 擅长做什么

18. 下列关于 HAY 的冰山素质模型说法正确的是 （ ）

    A. HAY 冰山素质模型适用于公司的中高层管理人员、技术人员和专业人员

    B. HAY 冰山素质模型更适合用于以人员招聘和选拔为导向的职位分析

    C. HAY 冰山素质模型在一定程度上包含了智力与技能方面的因素

    D. HAY 冰山素质模型的测试成本较低

19. HAY 冰山素质模型在"能力"内涵上的差异表现在它包含了下列哪方面因素 （ ）

    A. 个性   B. 智力

    C. 技能   D. 潜力

20. 下列说法中正确的是 （ ）

    A. 人群百分位法不能够实现被试者之间的等级比较

    B. 人群百分位法的通用性较好

    C. 等级行为描述法具有较强的主观性

    D. 利克特量表法简单易行,成本较低

二、多项选择题

1. 任职资格的影响因素包括 （ ）

    A. 态度   B. 价值观   C. 动机

    D. 兴趣   E. 人格

2.基于公共数据资源的任职资格体系借助的主要学科有（　　　）

　　A.组织行为学　　　　B.社会学　　　　　　C.人力资源管理

　　D.工程学　　　　　　E.管理学

3.下列建立任职资格的五种方法中,具有普遍适用性的有

　　　　　　　　　　　　　　　　　　　　　　　　　　　（　　　）

　　A.以工作为导向的推导方法　　B.以行为为导向的推导方法

　　C.基于定量化职位分析方法　　D.基于企业实证数据的方法

　　E.基于公共数据的方法

4.知识的主要替代部分包括　　　　　　　　　　　　　（　　　）

　　A.正式教育程度　　　B.工作经验　　　　　C.职业培训

　　D.工作技能　　　　　E.工作态度

5.冰山模型中的能力维度有　　　　　　　　　　　　　（　　　）

　　A.知识与技能　　　　B.认知过程　　　　　C.感知

　　D.自我观念　　　　　E.动机

6.下列关于三种等级尺度的描述中正确的有　　　　　（　　　）

　　A.人群百分位法能够较为准确地实现被测试者之间的等级

　　　比较

　　B.等级行为描述法具有较强的客观性

　　C.利克特量表法简单易行,成本较低

　　D.等级行为描述法的构建成本较低

　　E.利克特量表法具有行为引导性

7.下列选项中属于人格特质的是　　　　　　　　　　（　　　）

　　A.外倾性　　　　　　B.随和性　　　　　　C.责任心

　　D.情绪的稳定性　　　E.经验的开放性

8.DOT教育量表所根据的能力维度包括　　　　　　　（　　　）

　　A.数学能力　　　　　B.语言能力　　　　　C.推理能力

　　D.操作能力　　　　　E.决策能力

三、名词解释题

1. 任职资格

2. 以工作为导向的推导方法

3. 以人员为导向的推导方法

4. 工作技能　　5. 特殊要素

四、简答题

1. 建立任职资格的方法包括哪些?

2. 工作能力要求有哪些构建模型?

五、论述题

1. 论述 HAY 的素质模型与 GATB 模型的不同点。

2. 论述三种等级界定尺度的优缺点。

♕ 参考答案及评析

一、单项选择题

1. A　2. B　3. A　4. C　5. B　6. B　7. B　8. A　9. D　10. D
11. A　12. B　13. A　14. B　15. A　16. D　17. B　18. A　19. A
20. D

二、多项选择题

1. ABCDE　2. ACE　3. ABC　4. ABCD　5. ABCDE　6. ABC
7. ABCDE　8. ABC

三、名词解释题

1. 任职资格:指的是与工作绩效高度相关的一系列人员特征,具体包括为了完成工作,并取得良好的工作绩效,任职者所需的具备的知识、技能、能力以及个性特征要求。

2. 以工作为导向的推导方法:是从工作本身的职责和任务出发,去分析了为了完成这样的工作职责与任务,需要任职者具备什么样的条件。

3. 以人员为导向的推导方法:是从导致任职者获得成功的关键

行为或高频率、花费大量时间的工作行为出发,去分析任职者要从事这样的行为,需要具备什么样的素质特点;然后,再将这样的素质要求与事先构造的素质清单进行对照,将其转化为系统化、规范化的任职资格语言。

4.工作技能:是指对与工作相关的工具、技术和方法的运用。

5.特殊要素:公司的某个职位的任职者所必须具备的个性化的能力要素,并且不包括在通用要素和共用要素之中。

四、简答题

1.建立任职资格的方法包括哪些?

答:建立任职资格的基本方法包括:

(1)以工作为导向的推导方法;

(2)以行为为导向的推导方法;

(3)基于定量化职位分析方法;

(4)基于企业实证数据的方法;

(5)基于公共数据的方法。

2.工作能力要求有哪些构建模型?

答:工作能力要求的构建模型有:

(1)被引用最为广泛的能力模型主要包括 HAY 咨询公司的冰山素质模型、美国 DOT 系统中 GATB 能力倾向模型;

(2)自主开发能力模型,开发能力模型的两种模式,一种是基于企业的战略能力模型建构,另一种是基于绩效模型的能力模型建构。

五、论述题

1.论述 HAY 的冰山素质模型与 GATB 模型的不同点。

答:两种模型的比较。

(1)从适用范围来看,HAY 的冰山素质模型适用公司的中高层管理人员、技术人员和专业人员;GATB 模型适用于操作工人、一般文员、基层技术和专业人员。

(2)从使用目的来看,HAY 的素质模型更适合用于以人员培训、开发为导向和以薪酬为导向的职位分析;GATB 模型更适合用于以人员招聘和选拔为导向的职位分析。

(3)从"能力"内涵上的差异来看,HAY 的冰山素质模型在一定程度上包含了个性方面的因素;GATB 模型在一定程度上包含了智力与技能方面的因素。

(4)从测试的手段来看,HAY 的冰山素质模型主要通过对任职者的行为进行观察的方法来进行评定;GATB 模型通过 GATB 测验来测量。

(5)从等级界定的方式来看,HAY 的冰山素质模型通过行为描述来对等级进行定义;GATB 模型用处于人群中的百分位置来对等级进行界定。

(6)从参考的标准来看,HAY 的冰山素质模型参考 HAY 公司常模;GATB 模型参考美国职业名称大词典。

(7)从测试成本来看,HAY 的冰山素质模型成本较高;GATB 模型成本较低。

2.论述三种等级界定尺度的优缺点。

答:三种等级界定尺度的优缺点分别是以下三点。

(1)人群百分位法的优点是能够较为准确地实现被试者之间的等级比较;缺点是需要依赖于事先构建好的大样本常模,因而通用性较差,构建成本很高,不具有行为引导性。

(2)等级行为描述法的优点是具有较强的客观性,并能够引导任职者行为的改进;缺点是往往难以实现标准与现状的吻合,并容易出现等级描述的前后矛盾,构建成本较高。

(3)利克特量表法的优点是简单易行,成本较低;缺点是等级评定的主观性太强,难以把握标准,不具有行为引导性。

第七章　职位说明书的编制及范例

✿ 知识网络

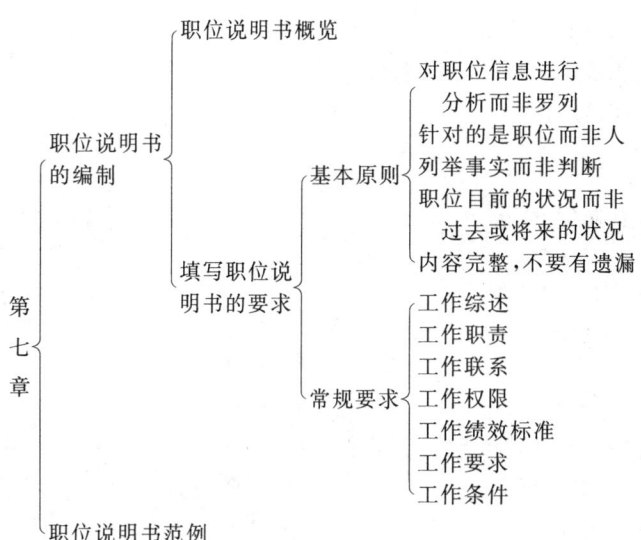

第七章 ─┬─ 职位说明书的编制 ─┬─ 职位说明书概览
　　　　│　　　　　　　　　　└─ 填写职位说明书的要求 ─┬─ 基本原则 ─┬─ 对职位信息进行分析而非罗列
　　　　│　　　　　　　　　　　　　　　　　　　　　　　　│　　　　　　├─ 针对的是职位而非人
　　　　│　　　　　　　　　　　　　　　　　　　　　　　　│　　　　　　├─ 列举事实而非判断
　　　　│　　　　　　　　　　　　　　　　　　　　　　　　│　　　　　　├─ 职位目前的状况而非过去或将来的状况
　　　　│　　　　　　　　　　　　　　　　　　　　　　　　│　　　　　　└─ 内容完整,不要有遗漏
　　　　│　　　　　　　　　　　　　　　　　　　　　　　　└─ 常规要求 ─┬─ 工作综述
　　　　│　　　　　　　　　　　　　　　　　　　　　　　　　　　　　　├─ 工作职责
　　　　│　　　　　　　　　　　　　　　　　　　　　　　　　　　　　　├─ 工作联系
　　　　│　　　　　　　　　　　　　　　　　　　　　　　　　　　　　　├─ 工作权限
　　　　│　　　　　　　　　　　　　　　　　　　　　　　　　　　　　　├─ 工作绩效标准
　　　　│　　　　　　　　　　　　　　　　　　　　　　　　　　　　　　├─ 工作要求
　　　　│　　　　　　　　　　　　　　　　　　　　　　　　　　　　　　└─ 工作条件
　　　　└─ 职位说明书范例

📖 学习目的与要求

通过本章的学习,理解和掌握如何编制职位说明书,明确填写职位说明书的基本原则和填写职位说明书过程中的常规要求,并且熟悉职位说明书多种不同的格式和写法,能够参考常用样例,自行编写职位说明书。

🌟 考核重点

1.填写职位说明书的基本原则;
2.填写职位说明书过程中的常规要求;
3.职位说明书的样例与写法;
4.职位说明书的写法。

🕷 同步强化训练

一、单项选择题

1.职位说明书是一切人力资源管理活动的　　　（　　）
　A.目的　　　　　　　　B.起点
　C.终点　　　　　　　　D.核心

2.工作职责主要包括业务职责和　　　　　　（　　）
　A.管理职责　　　　　　B.监督职责
　C.协调职责　　　　　　D.控制职责

3."负责主管宿舍楼的卫生打扫"这句话表达的是一项（　　）
　A.工作职责　　　　　　B.工作综述
　C.工作要求　　　　　　D.工作权限

4.工作职责表述的是　　　　　　　　　　　（　　）
　A.怎么样做　　　　　　B.不该做什么
　C.擅长做什么　　　　　D.做什么

5.下列可以作为关键行为动词的是　　　　　　　　　（　　）

　A.负责　　　　　　　　　　　B.开展

　C.提高　　　　　　　　　　　D.确保

6.会计一部主管的职责范围要清楚表述为"会计一部"而非"会计二部",这体现了在工作职责中一定要表述清楚此项职责的　　　　　　　　　　　　　　　　　　　　　　（　　）

　A.权限　　　　　　　　　　　B.大小

　C.范围　　　　　　　　　　　D.高低

7.工作分析中通常将工作联系分为　　　　　　　　　（　　）

　A.内部联系和外部联系　　　B.一般联系和特殊联系

　C.偶然联系与必然联系　　　D.个体联系与整体联系

8.学历指为完成本职工作所需的哪项要求　　　　　　（　　）

　A.最低学历　　　　　　　　　B.最高学历

　C.现有学历　　　　　　　　　D.目标学历

9.工作经验指胜任本职位工作应具有的　　　　　　　（　　）

　A.最高工作年限　　　　　　　B.最低工作年限

　C.特殊工作年限　　　　　　　D.法定工作年限

10."负责人员的接送"描述的是　　　　　　　　　　（　　）

　A.业务职责　　　　　　　　　B.管理职责

　C.工作综述　　　　　　　　　D.工作要求

二、多项选择题

1.工作分析中,应用的关键行为动词包括　　　　　　（　　）

　A.负责　　　　　　　B.组织　　　　　　　C.协助

　D.配合　　　　　　　E.参与

2.知识可以采用以下哪些表示法来进行评定　　　　　（　　）

　A.精通　　　　　　　B.通晓　　　　　　　C.掌握

　D.具有　　　　　　　E.懂得

3.工作要求中的体质要求包括　　　　　　　　　　　（　　）

　A.力量大小　　　　　B.耐力　　　　　　　C.身体健康状况

　D.体重　　　　　　　E.身高

4. 下列选项中属于工作所处自然环境的是 （ ）
   A. 工作连续性　　　　　　　B. 职业病的可能
   C. 工作环境的舒适程度　　　D. 工作环境的危险性
   E. 工作场所

5. 管理职责是指本职位对下属各职位的 （ ）
   A. 领导　　　　　B. 培养　　　　　C. 配合
   D. 监督　　　　　E. 考核

三、名词解释题

1. 工作综述　　　2. 职位说明书　　　3. 工作条件

四、简答题

1. 填写职位说明书的基本原则。
2. 填写职位说明书过程中的常规要求。

五、案例分析题

HI 信息服务公司的工作分析

赵珍大学刚毕业就顺利进入了 HI 信息服务公司（以下简称 HI）。赵珍学的是国际企业管理专业，因此公司将她安排在人力资源部工作。在应聘和面谈过程中，她了解到这是一家中外合资企业，主要的经营业务是为企业和个人提供软件和硬件。公司自 1994 年创办以来，发展迅速，通过灵活的经营手段、高质量的产品、优良的售后服务，在行业激烈的竞争中保持了领先地位。HI 管理层深知，作为一个知识密集型的企业，公司的发展将主要依赖于它所拥有的人力资源，企业间的竞争实质是对于高质量人力资源的竞争。因此，HI 非常注重通过提高员工的工作满意度来留住他们。至今为止，它的人员流动率接近于行业的平均水平。赵珍为自己能进入这样一个充满活力的公司暗自高兴。

但是在听了人力资源部张经理的一番谈话后，赵珍原来乐观的想法改变了。张经理告诉她，尽管从表面上看，HI 有骄人的经营业绩和良好的发展势头,但是事实上公司内部的管理制度有很多不完善的地方,这些方面将严重障碍 HI 的进一步发展。张经理举例说,作为人力资源管理基础工作之一的工作分析,在 HI 就没有得到很好的贯彻落实,随着公司规模的扩大,新的工作不断增加,但是相应的工作描述和职位说明书却没有制订,原有的一些工作描述和职位说明书的内容也与实际情况不完全匹配了。张经理交给赵珍一份旧的职位说明书(见表 7.1 所示)。造成这种状况的原因在于,初创时期 HI 的员工较少,公司内部的局域网可以使上下级之间和同事之间非常通畅地沟通,相对平坦的组织结构也使公司各个层次的员工很容易接近。同部门的工作经常由员工们共同协力完成,职位在 HI 被定义成是员工之间关于特定技术、专业能力和兴趣的竞赛。有超常能力和成就的员工常被录用,接着很快获得晋升。正因为如此,HI 并不注重为每个工作制订工作描述和职位说明书,因为从某种意义上来说,这只是一纸空文。

表 7.1 一个旧的职位说明书

职位	助理程序员
基本目的	在项目经理的监督下进行编码、测试、调试程序
具体任务	根据总体的程序设计,编码、测试、调试程序,开发程序的文件资料; 在使用系统时培训用户,为用户提供帮助,按要求向管理者汇报服务管理信息。
任职资格	至少: 在相关领域里具有 BA/BC 学位或相当的经验和知识; 具备 FORTRAN 语言编程知识; 在经营和财务应用方面具有较好的工作知识。 希望: 具有在分时环境下计算机编程经验。

但是这种忽视工作分析的做法,随着 HI 的规模日益扩大,显示出越来越多的对人力资源管理工作的负面影响。张经理坦率地告诉

赵珍,在 HI,人力资源部被认为是一个低效率的团队。比如说本来通过绩效评估发现了员工绩效不符合标准的原因,并安排各种培训和锻炼机会以提高这部分员工的技能,增强他们的信心,这应该是人力资源部门的职责。但是由于缺乏准确的工作描述和职位说明书,人力资源部门就没有确切的标准来衡量员工的工作绩效,因而也无从发现员工究竟在哪些地方需要改进和提高,更别提为员工制订适宜的培训计划了。因此在 HI,没有部门认为人力资源部的员工有这方面的能力和经验。另外,公司主要的奖励系统也似乎和人力资源部没有太大关系。甚至公司的年度职工表彰会也被认为是来自外方总经理的奖赏而与人力资源部无关。而按惯例,员工的薪酬奖励计划应该是由人力资源部根据工作描述和职位说明书,判断每个工作岗位的相对价值以后,再以此为依据制订的。

正是由于缺乏细致的工作分析,HI 的人力资源部在开展工作时,显得力不从心。近期,HI 又将大规模招聘新员工,张经理决定先从工作分析这一环节抓起,彻底改变人力资源部以往在人们心中的形象。他将此重任交给赵珍,要求她在 6 个月的时间内修正所有的职位说明书。

问题:

1.为了修改旧职位说明书,制订新职位说明书,赵珍可以通过哪些具体步骤开展这一工作?

2.赵珍可以采用哪些方法收集必要的工作分析信息?

♛ 参考答案及评析

一、单项选择题

1. B　2. A　3. B　4. D　5. A　6. C　7. A　8. A　9. B　10. A

二、多项选择题

1. ABCDE　2. ABCDE　3. ABCDE　4. BCDE　5. ABDE

三、名词解释题

1.工作综述:用一句简洁明了的话描述出本职位的主要职责内

容、性质,并注意指明职责的范围。

2.职位说明书:职位说明书是人力资源管理的基础性文件,它是明确职位目的、主要职责、工作关系、基本任职要求等的说明性文件。

3.工作条件:工作所处的自然环境,包括工作场所(室内或户外)、工作环境的危险性(长时间的高温、低温或强烈的气味、噪声、放射线等)、职业病的可能、工作环境的舒适程度(分为非常恶劣、较恶劣、一般、较舒适、非常舒适五个等级)。

四、简答题

1.职位说明书的填写原则。

答:职位说明书的填写原则是:

(1)对职位信息进行分析而非罗列;

(2)针对的是职位而非人;

(3)列举事实而非判断;

(4)职位目前的状况而非过去或将来的状况;

(5)内容完整,不要有遗漏。

2.填写职位说明书过程中的常规要求。

答:填写职位说明书过程中的常规要求包括:

(1)工作综述;

(2)工作职责;

(3)工作联系;

(4)工作权限;

(5)工作绩效标准;

(6)工作要求;

(7)工作条件。

五、案例分析题

答题要点:

1.具体步骤:(1)成立职位说明书编制小组;(2)调查各部门现有岗位清单,选取基准岗位;(3)设计职位说明书规范样表;(4)编制职位说明书进度计划表;(5)发《职位说明书》编制通知;(6)对各部门相关人员进行编制填写培训;(7)撰写、收集与梳理;(8)由人力资源部与企业管理部一起修改职位说明书,促成首稿,传递各部门负责人和主管领导会签审核,总经理审批定稿。

2.工作分析收集信息的方法多种多样,有问卷调查法、观察法、面谈法、实验法、关键事件法和工作日志法等,各有各的优点和局限性。应该根据工作分析的目的和内容的不同,选择不同的方法,既要考虑方法的可行性,又要考虑方法的经济性。例如,针对 HI 信息服务公司的工作主要是知识密集型的工作,不宜采用像观察法这种主要针对大量标准化、周期短、体力劳动为主的工作分析方法。而更适合采用像 PAQ、MPDQ 这样的问卷调查法,以及更容易确定关键绩效的 CIT 等方法,当然像访谈法之类的方法也是可以采用的,因为针对高科技员工,访谈法能获得更深入细致的信息。同时应注意,工作分析方法并不是孤立存在的,可以结合起来使用,以取得丰富的信息,提高收集信息的信度和效度。

第八章　职位评价

✿ 知识网络

第八章
├─ 职位评价概述
│　　├─ 职位评价的含义
│　　├─ 职位评价的特点
│　　├─ 职位评价的功能
│　　├─ 职位评价的优缺点
│　　└─ 职位评价的原则
│
├─ 职位评价的常用方法与操作流程
│　　├─ 职位排序法
│　　├─ 职位分类法
│　　├─ 因素比较法
│　　└─ 要素计点法
│
├─ 海氏职位评价系统
│　　├─ 技能水平
│　　├─ 解决问题的能力
│　　└─ 担任的职务责任
│
└─ 职位评价中应注意的问题

📖 学习目的与要求

通过本章的学习,掌握职位评价的基本概念、职位评价的含义和特点,掌握职位评价的功能、原则和优缺点,理解职位评价的常用方法及流程,掌握海氏职位评价系统的要素及操作过程,理解职位评价应注意的问题。

💡 考核重点

1.职位评价的含义和特点;
2.职位评价的功能、原则和优缺点;
3.职位评价的常用方法及流程;
4.海氏职位评价系统的要素及操作过程;
5.职位评价应注意的问题。

☀ 同步强化训练

一、单项选择题

1.下列职位评价的常用方法中属于定量化工作评价方法的是
(　　)

 A.职位分类法   B.直接排序法

 C.因素比较法   D.要素计点法

2.职位评价判定的是职位的 (　　)

 A.相对价值   B.绝对价值

 C.远期价值   D.近期价值

3.采用非定量的方法,只是根据工作岗位的相对价值按高低次序进行排列,从而确定一个工作岗位与其他工作岗位的关系的职位评价方法是
(　　)

 A.职位分类法   B.要素计点法

C. 职位排序法　　　　　　D. 因素比较法

4. 下列关于排序法的优缺点说法中正确的是　　　　（　　）

A. 非常容易操作

B. 适用于规模较大的公司

C. 职位顺序排列比较客观

D. 可以判断出职位之间的相对价值大小

5. "先根据工作内容对工作岗位进行归类,再确定等级结构"描述的是哪种职位评价方法　　　　　　　　　（　　）

A. 职位分类法　　　　　　B. 要素计点法

C. 职位排序法　　　　　　D. 因素比较法

6. 实际上是对职位排序法进行改进的职位评价方法是　（　　）

A. 职位分类法　　　　　　B. 职位排序法

C. 要素计点法　　　　　　D. 因素比较法

7. "将工作细分为好几个报酬因素,然后分别评价每一个因素,再将个别评价予以加总,以获得工作的价值"描述的职位评价方法是　　　　　　　　　　（　　）

A. 职位分类法　　　　　　B. 要素计点法

C. 职位排序法　　　　　　D. 因素比较法

8. 能够精确地反映出职位之间相对价值关系的职位评价方法是　　　　　　　　　　　　　　　　　　　（　　）

A. 要素计点法　　　　　　B. 职位分类法

C. 排序法　　　　　　　　D. 因素比较法

9. 海氏评价系统中的风险责任分为几个等级　　　　（　　）

A. 三个　　　　　　　　　B. 六个

C. 五个　　　　　　　　　D. 四个

10. 有关海氏职位评价系统说法中正确的是　　　　（　　）

A. 实质是要素比较法

B. 实质是评分法

C. 主要用于生产类的岗位

D. 不能将不同部门间的不同职位进行比较

11. 若一职位的职务责任比技能水平和解决问题的能力重要,则该职位的类型是 （　　）

    A. 均衡型　　　　　　　　B. 上山型

    C. 下山型　　　　　　　　D. 平路型

12. 海氏职位评价系统的提出者是 （　　）

    A. 艾德华·海于　　　　　B. 哈罗德·孔茨

    C. 卡尔·波普　　　　　　D. 尤金·本基

13. 海氏"职务状态构成"中,下山型职务的两组因素权重分配为 （　　）

    A. (70%,30%)　　　　　B. (30%,70%)

    C. (60%,40%)　　　　　D. (40%,60%)

14. 海氏"职务状态构成"中,上山型职务的两组因素权重分配为 （　　）

    A. (70%,30%)　　　　　B. (30%,70%)

    C. (60%,40%)　　　　　D. (40%,60%)

15. 职位评价是在岗位分析的基础上,对岗位的主要影响因素进行系统评比、估价,从而确定岗位的 （　　）

    A. 重要程度　　　　　　　B. 责任大小

    C. 相对价值　　　　　　　D. 岗位薪酬

16. 四种职位评价方法中应用最广泛的是 （　　）

    A. 因素比较法　　　　　　B. 要素计点法

    C. 职位排序法　　　　　　D. 职位分类法

17. 下列关于职位评价的说法不正确的是 （　　）

    A. 职位评价的中心是客观存在的事

    B. 职位评价的中心是以人为对象的评比、衡量、估价

    C. 职位评价是对岗位相对价值进行评估

    D. 职位评价需要运用多种技术和方法

18. 下列关于海氏职位评价系统描述正确的是 （　　）

    A. 海氏职位评价系统又叫"指导图表—形状构成法"

    B. 海氏职位评价系统实质上是一种因素比较法

C.海氏职位评价系统是在 1957 年被研究开发出来的

D.海氏职位评价系统将付酬因素具体抽象为四大因素

19.关于四种职位评价方法中描述正确的是　　　　（　　）

A.职位分类法的灵活性较差

B.职位排序法可能只适用于较小规模的组织

C.因素比较法显得比较简单

D.要素计点法是一种定性化的职位评价方法

20.如果某一职位的技能和解决问题的能力与责任并重,则该职
位的类型是　　　　（　　）

A.“上山型”职位　　　　　　B.“下山型”职位

C.“平路型”职位　　　　　　D.以上都不对

二、多项选择题

1.常用的职位评价方法有　　　　（　　）

A.排序法　　　　B.职位分类法　　　　C.因素比较法

D.要素计点法　　E.海氏职位评价系统

2.职位排序法的主要优点有　　　　（　　）

A.简单　　　　　B.容易操作　　　　　C.省时省力

D.具有客观性　　E.适用于规模较大的组织

3.海氏职位评价系统中的职位形态构成包括　　　　（　　）

A.上山型　　　　B.曲折型　　　　　　C.下山型

D.平路型　　　　E.直线型

4.职位评价的原则包括　　　　（　　）

A.结果保密原则

B.对岗不对人原则

C.适宜性原则

D.评估方法、评估系统标准统一原则

E.过程参与原则

5.适宜性原则要求职位评价要选择适合企业实际的　　（　　）

A.评估模型　　　B.评估理论　　　　　C.评估方法

D.评估技术　　　E.评估程序

三、名词解释题

1.职位评价　　　2.职位排序法　　　3.要素计点法

4.职位分类法　　　5.海氏职位评价系统

四、简答题

1.简述职位评价的内容。

2.简述职位评价的前提假设。

3.简述职位评价的原则。

4.简述要素计点法实施的步骤。

5.简述职位评价的特点。

五、论述题

1.论述职位评价的功能。

2.论述职位评价中应注意的问题。

六、案例分析题

我们为什么拿这样的薪水？

"我们为什么拿这样的薪水？"这是伟业公司的不少员工所发出的疑问。伟业公司是一家从事各种文化活动策划、设计、组织等业务的公司,在同行业里属于经营效益较好的。因此,公司平均的薪酬水平高于市场水平。那么为什么仍然有员工对自己所得到的薪酬感到困惑和不满意呢？

原来,伟业公司实行的是一套比较简单的薪酬制度。这套制度将职位按照责任大小分成 4 个等级:员工级、主管级、经理级、高层管理。每个等级里又分成两个档,本着向业务部门倾斜的原则,业务开发部和项目管理部这两个部门取其中的较高档,其他部门取其中的较低档。于是问题就出来了。

有些部门(例如创意设计部)的员工认为,公司大大小小的业务还不是靠我们的工作才能成功吗？我们的贡献理应是很大的,与像行政事务这样的部门比较起来,我们的工作技术含量、难度都比他们的大得多,但是,就因为我们不是主管,就比他们的主管人员拿的薪水低,这样太不合理了。不一定主管人员的贡献就比员工大,那要看是什么部门的主管和员工。

其实部门主管、经理等管理人员也有意见。有人认为,每个部门的工作量、任务难度是不同的,不应该所有部门都一刀切,应该有些差别。还有的主管人员认为,如果出了问题,我们所承担的责任比员工大得多,所以我们的薪水与员工的差别应该拉得再大一些。

问题:

公司的平均薪酬水平高于市场水平,为什么仍有员工感到不满?你认为如何解决这一问题?

♛ 参考答案及评析

一、单项选择题

1. D　2. A　3. C　4. A　5. A　6. D　7. B　8. D　9. D　10. B　11. B　12. A　13. A　14. D　15. C　16. B　17. B　18. A　19. B　20. C

二、多项选择题

1. ABCD　2. ABC　3. ACD　4. BCDE　5. ACDE

三、名词解释题

1. 职位评价:就是根据工作分析的结果,按照一定的标准,对工作的性质、强度、责任、复杂性以及所需的任职资格等因素的差异程度,进行综合评估的活动。

2. 职位排序法:就是根据一些特定的标准,例如工作的复杂程度、对组织的贡献大小等,对各个职位的相对价值进行整体的比较,进而将职位按照相对价值的高低排列出一个次序。

3. 要素计点法:就是选取若干关键性的薪酬因素,并对每个因素的不同水平进行界定,同时给各个水平赋予一定的分值,这个分值也称作是"点数",然后按照这些关键的薪酬因素对职位进行评价,得到每个职位的总点数,以此决定职位的薪酬水平。

4.职位分类法:就是通过制订出一套职位级别标准,然后将职位与标准进行比较,将它们归到各个级别中去。

5.海氏职位评价系统:实质上是一种评分法,是将付酬因素进一步抽象为具有普遍适用性的三大因素,即技能水平、解决问题能力和风险责任,相应地设计三套标尺性评价量表,最后将所得分值加以综合,算出各个工作职位的相对价值。

四、简答题

1.简述职位评价的内容。

答:职位评价的内容主要包括:

(1)工作的任务和责任;

(2)完成工作所需要的技能;

(3)工作对组织整体目标实现的相对贡献大小;

(4)工作的环境和风险等。

2.简述职位评价的前提假设。

答:职位评价的前提假设有:

(1)一个职位所承担的责任和风险越大,对组织整体目标的贡献和影响越大,被评价的等级应该越高,所得到的薪酬也越高;

(2)从事一个职位的工作所需要的知识和技能越高越深,被评价的等级应该越高,所得到的薪酬也越高;

(3)一个职位的工作难度越大,复杂程度越高,工作压力和紧张程度越高,需要任职者付出越多的努力,被评价的等级应该越高,所得到的薪酬也越高;

(4)一个职位的工作环境越恶劣,被评价的等级应该越高,所得到的薪酬也越高。

3.简述职位评价的原则。

答:职位评价的原则有:

（1）对岗不对人的原则；

（2）适宜性原则；

（3）评估方法、评估标准统一的原则；

（4）过程参与原则；

（5）结果公开的原则。

4.简述要素计点法实施的步骤。

答：要素计点法实施的步骤有：

（1）进行工作分析，并成立工作评估委员会；

（2）选择薪酬要素，并为这些薪酬要素建立一个结构化量表；

（3）根据这个评估量表对职位在各个要素上的表现进行评估，得出职位在各个要素上的分值，并汇总成总的点数，再根据总点数处在哪个职位级别的点数区间内，确定职位的级别。

5.简述职位评价的特点。

答：职位评价的特点是：

（1）职位评价衡量的是企业所有职位之间的相对价值，而不是某一个职位的绝对价值；

（2）职位评价的结果具有一定的稳定性和可比性；

（3）职位评价的过程中需要运用多种评价技术和手段。

五、论述题

1.论述职位评价的功能。

答：职位评价的主要功能有如下四点：

（1）为实现薪酬管理的内部公平公正提供依据；

（2）系统全面的职位评价制度为企事业单位岗位归级列等奠定了基础；

（3）由于对性质相同相近的岗位，制订了统一的测量、评定标准，从而使单位内各个岗位之间，能够在客观衡量自身价值量的基础上进行横向纵向比较，并具体说明其在企业单位中所处的地位和作用；

（4）对岗位工作任务的繁简难易程度，责任权限大小，所需要的资格条件等因素，在定性分析的基础上进行定量测评，从而以量化数值表现出工作岗位的综合特征。

2.论述职位评价中应注意的问题。

答:职位评价中应注意的问题如下:

(1)确定工作岗位在工资序列中的相对位置可以按照岗位名称或简单的经验法则等非正式的方式进行,也可以按照正式的程序,也就是职位评价的方式进行。

(2)目前有多种可用的职位评价方法。其中大部分都以四种传统方法中的一种为基础。这四种方法是排列法、分类法、评分法、因素比较法,此外还可使用这些方法的总和。

(3)选择一项职位评价方法,并让它适应于企业需要。要记住主要目的并不是在某种绝对意义上确定岗位的"价值",而是有关各方在关于工作岗位在企业岗位系列中的位置问题上达成一致意见。

(4)职位评价必须以准确的岗位资料为依据。

(5)经验表明,基准工作岗位的选择是相当重要的一步,对非解析方法来说尤其是这样,在该方法中它们要被用作其他工作岗位评价的参照。

(6)要素的选择和界定是实施解析式职位评价方法时比较关键的一步。

(7)在评分法的方案中,各要素所占比重应按照有关均等、避免明显的或潜在的性别歧视以及对现有工资结构的影响等注重实效的方式确定。

(8)职位评价方案的范围对于要素的选择和限定具有重要影响。

(9)应当给予所有员工有关职位评价目标和步骤的适当信息,那些直接介入评价工作的人应当受到适当培训。

六、案例分析题

答题要点:员工不满的原因是薪酬发放的合理性存在公平缺失的问题,难以服众,没有合理的依据。根本原因在于工作分析的问题,工作分析是工作报酬决策的依据,职位薪酬的确定是基于工作分析中的工作描述和工作规范。不同职位的任务、职责、责任、难度、工作条件和环境以及所需具备的资格素质等指标会影响薪酬的大小。

第九章　工作设计

❀ **知识网络**

第九章
├─ 工作设计概述
│   ├─ 工作设计的含义(把握六大基本要素)
│   ├─ 工作设计与工作分析的关系(区别、联系)
│   ├─ 工作设计的内容
│   │   ├─ 工作内容的设计
│   │   ├─ 工作职能的设计
│   │   └─ 工作关系的设计
│   ├─ 工作设计的原则(因事设岗、动静结合……)
│   └─ 工作设计的意义
├─ 工作设计的原理和方法
│   ├─ 机械型工作设计法(原理、实现形式)
│   ├─ 生物型工作设计法(原理、实现形式)
│   ├─ 知觉运动型工作设计法(原理、实现形式)
│   └─ 激励型工作设计法(原理、实现形式)
├─ 工作设计应用时需要注意的问题
│   ├─ 体现组织或部门的关键使命和功能
│   ├─ 以客户为导向,追求系统最优化
│   ├─ 反映工作一般性要求,突出核心,降低成本
│   └─ 考虑员工接受能力和管理人员成熟程度
└─ 工作设计的新方法——柔性工作设计
    ├─ 柔性工作设计的内涵
    ├─ 柔性工作设计的内容
    │   ├─ 核心员工
    │   ├─ 外围员工
    │   └─ 外部员工
    ├─ 柔性工作设计的主要特征
    └─ 柔性工作设计的优越性

📖 学习目的与要求

通过本章学习,掌握工作设计的含义和内容,了解工作分析和工作设计之间的区别和联系,正确把握工作设计的原则,明晰工作设计的方法和原理,对工作设计的早期起源和发展进行初步的了解,把握工作设计应用时需要注意的问题,掌握柔性工作设计的内涵和特征,综合运用工作分析的各要素,理解工作设计在工作分析实践中的作用。

☀ 考核重点

1.工作设计的含义;

2.工作设计和工作分析的关系;

3.工作设计的内容;

4.工作设计的原则;

5.工作设计的意义;

6.工作设计的原理和方法;

7.工作设计应用时需要注意的问题;

8.柔性工作设计的内涵和特征。

✳ 同步强化训练

一、单项选择题

1.工作设计的起源是   (   )

  A.社会分工   B.现代管理革命

  C.工作和任务的合理化改革   D.战争

2.提出"工作设计是将任务组合起来构成一项完整职务方式"的学者是   (   )

  A.唐·赫尔雷格尔   B.斯帝芬·P·罗宾斯

  C.雷蒙德·A·诺伊   D.R·韦恩·蒙迪

3."让员工感觉到适度的压力和挑战,使得员工在挑战中不断提高自己的能力"所体现的工作设计原则是 ( )

    A.因事设岗原则   B.动静结合原则

    C.工作满负荷原则   D.员工能力开发原则

4.提出科学管理原理并促进了机械型工作设计方法产生的思想家是 ( )

    A.亚当·斯密   B.泰勒

    C.斯科特   D.宾汉

5.首先提出工效学的是 ( )

    A.雅斯特莱鲍夫斯基   B.亚当·斯密

    C.唐·赫尔雷格尔   D.R·韦恩·蒙迪

6.机械型工作设计方法依据的原理是 ( )

    A.双因素理论   B.工效学原理

    C.科学管理理论   D.人际关系理论

7.确保工作的要求不会超出人的心理能力和心理界限之外的工作设计方法是 ( )

    A.激励型工作设计法   B.知觉运动型工作设计法

    C.机械型工作设计法   D.生物型工作设计法

8.可以通过"工作扩大化"来实现的工作设计方法是 ( )

    A.激励型工作设计方法   B.知觉运动型工作设计方法

    C.机械型工作设计方法   D.生物型工作设计方法

9.减轻员工对工作的厌烦,把员工从一个工作岗位换到另一个工作岗位,指的是下列哪一种工作设计方法 ( )

    A.工作轮换   B.工作扩大化

    C.工作丰富化   D.工作内容充实

10.下列人员中工作自主性最高的是 ( )

    A.保险推销员   B.超市收银员

    C.街道清洁工   D.电子厂流水线工人

11. 下列人员中任务重要性最高的是 （ ）

    A. 医院里的擦地板人员   B. 工地上的搬砖工人

    C. 公司保安人员   D. 医院里危重病房的护理人员

12. 双因素理论的中心思想是 （ ）

    A. 工作扩大化   B. 工作轮换

    C. 工作丰富化   D. 工作团队化

13. "突出核心,最低化,降低成本"是指工作设计要突出的原则

    是 （ ）

    A. 一般性原则   B. 最少岗位数原则

    C. 因事设岗原则   D. 客户导向原则

14. 对工作扩大化和工作丰富化不太感兴趣的一类员工是

          （ ）

    A. 首席服装设计师

    B. 不将生存和安全作为首要需求的人员

    C. 技能要求低的蓝领工人

    D. 有工作导向型文化背景的人员

15. 通过增加员工的工作数量,丰富工作内容使工作本身多样化

    的工作设计方法是 （ ）

    A. 工作轮换   B. 工作扩大化

    C. 工作丰富化   D. 以上都不对

16. "质量圈(QCC)"属于工作团队化的哪种类型 （ ）

    A. 多功能型   B. 问题解决型

    C. 分工合作型   D. 自我管理型

17. 下列选项中属于保健因素的是 （ ）

    A. 成就感   B. 别人的认可

    C. 工作环境   D. 人际关系

18. 下列有关工作丰富化的说法错误的是 （ ）

    A. 以员工为中心的工作再设计

B. 强调企业使命和员工对工作的满意度相联系

C. 双因素理论提供了内容和手段

D. 工作特征模型是理论基础之一

19. 机械型工作设计法的核心是　　　　　　　　　（　　）

A. 提高工作的激励性　　　　B. 充分体现效率的要求

C. 降低工作的紧张程度　　　D. 提高工作的满意度

20. 机械型工作设计法源于　　　　　　　　　　　（　　）

A. 工程心理学　　　　　　　B. 人类工程学

C. 古典工业工程学　　　　　D. 人机学

二、多项选择题

1. 工作设计的主体包括　　　　　　　　　　　　（　　）

A. 各级管理者　　　　　　　B. 供应商

C. 人力资源管理专家　　　　D. 有关员工　　　　E. 消费者

2. 下列选项中属于工作设计内容的有　　　　　　（　　）

A. 工作结构　　　　B. 工作诊断　　　　C. 工作方法

D. 工作任务　　　　E. 工作性质

3. 机械型工作设计法的主要设计形式有　　　　　（　　）

A. 工作专门化　　　B. 任务简单化　　　C. 劳逸结合

D. 自动化　　　　　E. 任务多元化

4. 工作设计的原则包括　　　　　　　　　　　　（　　）

A. 因事设岗原则　　　　　　B. 动静结合原则

C. 工作满负荷原则　　　　　D. 工作环境优化原则

E. 员工能力开发原则

5. 工作特征模型的关键心理状态包括　　　　　　（　　）

A. 感受到工作的意义　　　　B. 体验到团队合作的乐趣

C. 感受到对工作结果的责任　D. 了解工作的结果

E. 感受到工作的轻松

三、名词解释题

1. 工作设计　　　　　　2. 工作关系的设计

3. 工作扩大化　　　　　4. 工作丰富化

5. 反馈　　　　　　　　6. 工作轮换

四、简答题

1. 简述工作轮换的优点。

2. 简要回答工作设计的原则。

3. 简述激励型工作设计法的实现方式。

4. 简述柔性工作设计的优越性。

5. 简述工作设计的主要方法。

五、论述题

1. 论述工作设计的意义。

2. 论述工作设计应用时需要注意的问题。

六、案例分析题

猴子取食的实验

美国加利福尼亚大学的学者做了这样一个实验:把 6 只猴子分别关在 3 间空房子里,每间两只,房子里分别放着一定数量的食物,但放的位置高度不一样。第一间房子的食物就放在地上,第二间房子的食物分别从易到难悬挂在不同高度的适当位置上,第三间房子的食物悬挂在房顶。数日后,他们发现第一间房子的猴子一死一伤,伤的缺了耳朵断了腿,奄奄一息。第三间房子的猴子也死了。只有第二间房子的猴子活得好好的。

究其原因,第一间房子的两只猴子一进房间就看到了地上的食物,于是为了争夺唾手可得的食物而大动干戈,结果伤的伤,死的死。第三间房子的猴子虽做了努力,但因食物太高,难度过大,够不着,被活活饿死了。只有第二间房子的两只猴子先是各自凭着自己的本能蹦跳取食,最后,随着悬挂食物高度的增加,难度增大,两只猴子只有协作才能取得食物,于是,一只猴子托起另一只猴子跳起取食。这样,每天都能取得够吃的食物,很好地活了下来。

问题:

本案例反映的是一个什么问题? 试从工作分析角度去说明。

👑 参考答案及评析

一、单项选择题

1.C 2.B 3.D 4.B 5.A 6.C 7.B 8.A 9.A 10.A
11.D 12.C 13.B 14.C 15.B 16.B 17.D 18.C 19.B
20.C

三、多项选择题

1.ACD 2.ACDE 3.ABCD 4.ABCDE 5.ACD

三、名词解释题

1.工作设计:为实现组织目标和满足任职者(员工)个人需要,对组织中各类工作的内容、工作职能、工作关系等进行选择、确定、优化的活动过程。

2.工作关系的设计:指个人在工作中发生的人与人之间的关系,包括在工作中与其他人相互联系及交往的范围,建立友谊的机会,以及工作班组中的相互协调和配合等方面。

3.工作扩大化:是在横向水平上增加工作任务的数目或变化性,将原来狭窄的工作范围、频繁重复的情况加以改善,使工作多样化。

4.工作丰富化:是以员工为中心的工作再设计,它是一个将企业的使命与员工对工作的满意程度联系起来的概念。

5.反馈:指个人为从事职务所要求的工作活动所需获得的有关其绩效信息的直接程度和清晰程度。

6.工作轮换:是将员工轮换到另一个同样水平、技术要求相接近的工作岗位上去工作的方法。

四、简答题

1.简述工作轮换的优点。

答:工作轮换方法的优点在于:

(1)丰富员工的工作活动内容,减少工作中的枯燥感,使员工的积极性得到增强;

(2)扩大员工所掌握的技能范围,使员工能够很好地适应环境的变化,也为员工在内部的提升打下基础;

(3)减少员工的离职率。

2.简要回答工作设计的原则。

答:工作设计的原则如下:

(1)因事设岗原则;

(2)动静结合原则;

(3)工作满负荷原则;

(4)工作环境优化原则;

(5)员工能力开发原则。

3.简述激励型工作设计法的实现方式。

答:激励型工作设计法的实现方式如下:

(1)工作扩大化;

(2)工作轮换;

(3)工作丰富化;

(4)工作团队化;

(5)工作生活质量满意化;

(6)工作设计的综合模式:社会技术系统。

4.简述柔性工作设计的优越性。

答:柔性工作设计的优越性如下:

(1)在遵循一定规则前提下,各岗位可纵横有序地快速流动,这

不仅能使整个企业组织充满活力与生机,而且能增加组织对外界的适应力、应变力,从而提高组织的市场竞争力;

(2)管理岗位流动空间增大,能保证领导层进行必要而及时的新陈代谢,又能兼顾管理人员的个人发展偏好;

(3)员工晋升空间无限扩大,提高了员工的工作积极性与主动性,同时主动建立起企业内部的竞争机制;

(4)有利于引进优秀人才,留住优秀人才。

5.简述工作设计的主要方法。

答:工作设计的主要方法如下:

(1)基于科学管理原理的设计方法:机械型工作设计法;

(2)基于工效学原理的设计方法:生物型工作设计法和知觉运动型工作设计法;

(3)基于人际关系理论的设计方法:激励型工作设计法。

五、论述题

1.论述工作设计的意义。

答:工作设计的意义如下:

首先,通过工作设计,可以使工作的内容、方法、程序、工作环境、工作关系等与工作者的特性相适应,可以在很大程度上减少无效劳动,大幅度地提高劳动生产率。

其次,在工作设计中,更多地考虑了人的因素对工作的影响,改变了工作单调重复和不完整的特性,实现工作的多样化,大大减少了由于工作单调、重复和不完整而导致的工作者不良的心理反应。

再次,工作设计不但改善了人与物理环境、工作者与机器设备的关系,而且改善了工作者之间的关系,特别是工作者与上级的关系,这样工作者可以获得工作中的自主权和责任感,增强主人翁意识,更好地融入到组织文化中去,而且,工作者与上下级和同事也能形成良好的人际关系。

2.论述工作设计应用时需要注意的问题。

答：工作设计应用时需要注意的问题如下：

(1)工作设计应体现组织或部门的关键使命和功能；

(2)工作设计应按照流程的要求，以客户为导向，追求系统的最优化；

(3)工作设计应反映工作一般性的要求，突出核心，降低成本；

(4)工作设计还应考虑员工的接受能力和管理人员成熟程度。

六、案例分析题

答案要点：做的虽是猴子取食的实验，但在一定程度上也说明了人才与岗位的关系。岗位难度过低，人人能干，体现不出能力与水平，选拔不出人才，反倒成了内耗式的位置争斗甚至残杀，其结果无异于第一间房子里的两只猴子。岗位的难度太大，虽努力而不能及，甚至埋没、抹杀了人才，如第三间房子里的两只猴子的命运。岗位的难度要适当，循序渐进，如同第二间房子的食物。这样，才能真正体现出能力与水平，发挥人的能动性和智慧。同时，相互间的依存关系使人才相互协作，共渡难关。

第十章　工作分析质量鉴定

❀ 知识网络

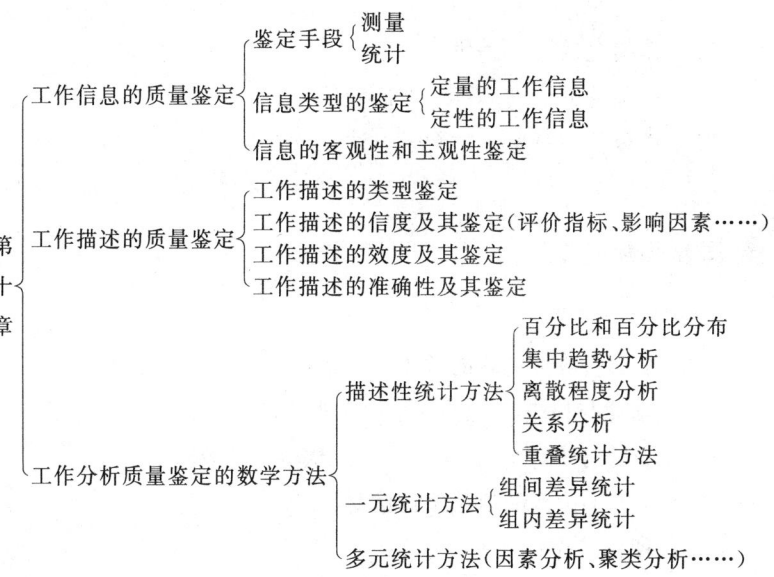

学习目的与要求

通过本章的学习,对工作分析的质量鉴定有一个全面的了解和认识,掌握工作信息及工作描述质量鉴定的具体内容和工作分析质量鉴定的数学方法,了解工作分析质量鉴定在人力资源管理领域中的具体应用,认识到工作分析的结果对后续管理效率和质量的重要性。

考核重点

1. 工作信息的鉴定手段;

2. 工作描述的信度、效度、准确性鉴定;

3. 工作分析质量鉴定的数学方法。

同步强化训练

一、单项选择题

1. 工作信息质量鉴定的常用手段是　　　　　　　　　　(　　)

　　A. 描述与检查　　　　　　　B. 监督与反馈

　　C. 测量与统计　　　　　　　D. 试验与筛查

2. 下列关于信度的说法错误的是　　　　　　　　　　(　　)

　　A. 评价工作描述的可靠性

　　B. 是有关工作描述形式的概念

　　C. 会影响分析结果的多个差异的总和

　　D. 调查所用的工具对信度不会有影响

3. 下列选项中可用来标志定量工作信息的是　　　　　　(　　)

　　A. 性质　　　　　　　　　　B. 特性

C. 数字 D. 属性

4. 下列选项中,属于主观性信息的是 （　　）

A. 温度计测体温 B. 直尺测量身高

C. 新闻预报天气 D. 目测讲台的高度

5. 定性和定量工作描述的划分角度是 （　　）

A. 形式结构 B. 测量

C. 统计 D. 描述的客观性

6. "对同一工作信息,进行重复鉴定所得到的结果的相似程度"

可用来评价工作描述的 （　　）

A. 统一性 B. 稳定性

C. 时效性 D. 等效性

7. 概化信度的基本思想是 （　　）

A. 计算影响均值来源的各因素

B. 计算影响方差来源的各因素

C. 计算影响标准差来源的各因素

D. 计算影响信息来源的各因素

8. 以下不属于工作设计要求的是 （　　）

A. 提高组织效率 B. 满足员工的需求

C. 责任体系与总目标相符 D. 符合组织的总目标

9. 可以用工作分析结果的平均数和中位数衡量工作分析质量的

统计方法是 （　　）

A. 百分比和百分比分布 B. 集中趋势分析

C. 关系分析 D. 重叠统计方法

10. 如果工作 A 的任职者从事 8 种不同的任务,工作 B 的任职

者从事 12 种不同的任务,A 和 B 有 6 种相同的任务,则 A 和

B 任务重叠的百分比是 （　　）

A. 50% B. 40%

C. 60% D. 30%

11. "常常被用于检验工作分析结果,尤其被用于解决工作分类问题"的多元统计方法是 （   ）

    A. 因素分析　　　　　　　B. 聚类分析

    C. 组间差距分析　　　　　D. 多元回归分析

12. 多维度量表方法最显著的用途是进行 （   ）

    A. 工作评价　　　　　　　B. 工作分类

    C. 工作描述　　　　　　　D. 工作设计

13. 关于直接针对工作本身的因素分析说法,错误的是 （   ）

    A. 把工作当作固定值

    B. 工作元素被当成观察值

    C. 工作与工作元素组成的矩阵

    D. 研究者所感兴趣的是工作结果本身的基本性质

14. 分析者倾向于探讨定性工作信息之间的关系是 （   ）

    A. 依附关系　　　　　　　B. 逻辑关系

    C. 数量关系　　　　　　　D. 相对关系

15. 工作 A 的任职者从事 13 种不同任务,工作 B 的任职者从事 12 种任务,工作 A 和 B 的重叠部分是 72%,则工作 A 和 B 共同的任务数是 （   ）

    A. 7　　　　　　　　　　　B. 8

    C. 9　　　　　　　　　　　D. 10

16. 在工作分析中使用因素分析的目的是 （   ）

    A. 缩减项目数量　　　　　B. 增加项目数量

    C. 比较项目类型　　　　　D. 分析项目属性

17. 下列关于工作描述的效度和信度的关系说法正确的是

（   ）

    A. 工作描述的效度高,则其信度也高

    B. 工作描述的效度低,则其信度一定低

    C. 工作描述的效度和信度成正比关系

    D. 工作描述的效度和信度不相关

二、多项选择题

1. 影响工作描述信度的因素包括　　　　　　　　（　　）

　　A. 调查所使用的工具　　　　B. 鉴定者自身因素

　　C. 工作本身的复杂程度　　　D. 鉴定时的环境干扰

　　E. 统计中的疏忽和误差

2. 工作描述的鉴定方式包括　　　　　　　　　　（　　）

　　A. 可靠性　　　　　B. 稳定性　　　　　C. 有效性

　　D. 等效性　　　　　E. 精确性

3. 信度的评价指标包括　　　　　　　　　　　　（　　）

　　A. 时效性　　　　　B. 稳定性　　　　　C. 统一性

　　D. 等效性　　　　　E. 精确性

4. 一元统计方法中,组内差异统计的具体形式包括　（　　）

　　A. 把工作元素作为自变量

　　B. 把工作元素作为随机变量

　　C. 把工作元素作为固定的量

　　D. 把工作元素变为因变量

　　E. 把工作元素作为已知量

5. 下列选项中,可以作为工作描述效度最终检验方法的有

　　　　　　　　　　　　　　　　　　　　　　　（　　）

　　A. 职位说明书的有效性

　　B. 工作说明书的有效性

　　C. 辅助人力资源专家工作的有效性

　　D. 资格说明书的有效性

　　E. 作为人力资源问题研究与检验工作的有效性

6. 非结构化的工作描述所体现的工作特征具有　　（　　）

　　A. 特殊性　　　　　B. 普遍性　　　　　C. 针对性

　　D. 一致性　　　　　E. 差异性

三、名词解释题

1. 工作信息的质量鉴定　　2. 定性的工作分析
3. 工作描述的效度　　　　4. 工作描述的精确性
5. 概化的信度

四、简答题

1. 简要回答鉴定工作描述效度的方法。
2. 简述描述性统计的方法。
3. 简要回答影响工作描述信度的因素。
4. 简要回答信度的优点。

五、论述题

1. 论述评价工作描述信度最直接的方法。
2. 论述工作描述效度的最终检验方法。

♛ 参考答案及评析

一、单项选择题

1. C　2. D　3. C　4. D　5. B　6. B　7. B　8. B　9. B　10. C
11. B　12. B　13. A　14. B　15. C　16. A　17. D

二、多项选择题

1. ABDE　2. ACE　3. BD　4. AD　5. ABCDE　6. AC

三、名词解释题

1. 工作信息的质量鉴定:用测量与统计两种手段,对工作信息的类型及其主、客观性进行鉴定的过程。

2. 定性的工作分析:是有关工作信息性质的描述,是对工作信息的特征和功能的阐述。

3. 工作描述的效度:指工作描述的有效程度。

4. 工作描述的精确性:指对其所描述的工作信息或特征真实的反映程度。

5.概化的信度:影响分析结果的多个差异的总和。

四、简答题

1.简要回答鉴定工作描述效度的方法。

答:鉴定工作描述效度的方法如下:

(1)让不同鉴定群体评价同一工作描述的有效性,再比较它们的评价结果;

(2)让专家实地考察后再评价工作描述的有效性;

(3)对不同方法得到的工作描述的效度进行相关分析;

(4)用有关信度的数据来替代效度,这是基于评价高度的一致性代表效度本身的假设。

2.简述描述性统计的方法。

答:描述性统计的方法如下:

(1)百分比和百分比分布;

(2)集中趋势分析;

(3)离散程度分析;

(4)关系分析;

(5)重叠统计方法。

3.简要回答影响工作描述信度的因素。

答:影响工作描述信度的因素主要有以下几个方面。

(1)调查所用的工具。如问卷调查时的问卷设计不合理,问题表述不清等,会降低工作描述的信度。

(2)鉴定者自身因素。如鉴定者在鉴定时缺乏实事求是的态度,碰到困难时也没有妥善处理,会导致工作描述失真。

(3)其他因素。如进行鉴定时环境因素的不利影响以及在系统处理的过程中出现的疏忽和差错,都会降低工作描述的信度。

4.简要回答信度的优点。

答:信度的优点如下:

(1)分析者可以设计出更有效的收集和分析工作信息的方法;

(2)方差分析使得分析者不仅要考虑到分析的各个因素,还要考虑到分析的整体结果;

(3)信度的"多面性"允许分析者认为方差是来源于多个因素的"相互作用";

(4)多维度的分析结果有助于回答与分析结果有关的问题。

五、论述题

1.论述评价工作描述信度最直接的方法。

答:评价工作描述信度最直接的方法是:在短时间内,由不同的鉴定者对同一工作信息进行鉴定,如果几次不同的鉴定所得到的信息完全相同或基本相同,那么就可以说所得到的工作描述的信度高;反之,如果几次鉴定的结果相差很大,则表明工作描述的信度低。由于影响工作信息的因素错综复杂,进而影响了工作描述的信度。因此,不可能得到绝对可靠的信度。但这并不是说,鉴定者可以以此为借口不去尽量提高工作描述的信度。因为如果工作描述不可靠,那么从不可靠的工作描述中只能得出错误的结论。

2.论述工作描述效度的最终检验方法。

答:工作描述效度的最终检验方法是看其在以下三个使用目标上所达到的程度:

(1)获得其他信息产品,如开发职位说明书、资格说明书与职位说明书的有效性;

(2)辅助人力资源专家工作的有效性;

(3)作为人力资源问题研究与检验工具的有效性。

由于工作描述的特质不同,对其效度的鉴定也应相应地采取不同的手段。对定量的工作,描述的鉴定看其描述的工作信息与现实情况的相关度,描述的工作信息与现实情况相关性越高,则工作描述效度越高,反之则效度低。

第十一章 工作分析实践中的问题与对策

❀ 知识网络

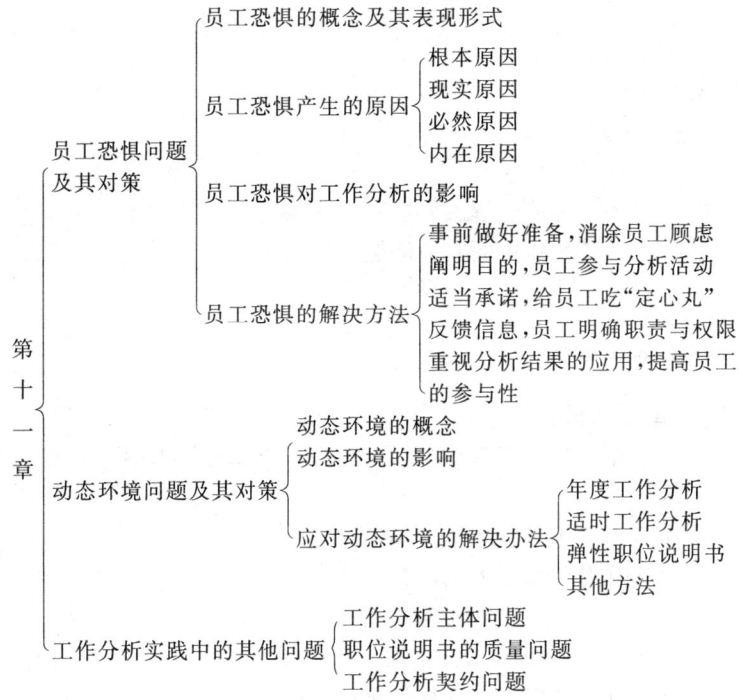

第十一章
├── 员工恐惧问题及其对策
│   ├── 员工恐惧的概念及其表现形式
│   ├── 员工恐惧产生的原因
│   │   ├── 根本原因
│   │   ├── 现实原因
│   │   ├── 必然原因
│   │   └── 内在原因
│   ├── 员工恐惧对工作分析的影响
│   └── 员工恐惧的解决方法
│   ├── 事前做好准备,消除员工顾虑
│   ├── 阐明目的,员工参与分析活动
│   ├── 适当承诺,给员工吃"定心丸"
│   ├── 反馈信息,员工明确职责与权限
│   └── 重视分析结果的应用,提高员工的参与性
├── 动态环境问题及其对策
│   ├── 动态环境的概念
│   ├── 动态环境的影响
│   └── 应对动态环境的解决办法
│   ├── 年度工作分析
│   ├── 适时工作分析
│   ├── 弹性职位说明书
│   └── 其他方法
└── 工作分析实践中的其他问题
    ├── 工作分析主体问题
    ├── 职位说明书的质量问题
    └── 工作分析契约问题

📖 学习目的与要求

通过本章的学习,对工作分析实践中常见的问题以及采取的相应对策有一个基本的认知和了解,掌握员工恐惧的概念及表现形式、动态环境的概念及影响,领会员工恐惧原因和员工恐惧对工作分析的影响,能够对员工恐惧的解决对策、应对动态环境的解决办法、工作分析实践中的其他问题进行简单运用。

💡 考核重点

1.员工恐惧的概念及其表现形式;
2.员工恐惧产生的原因;
3.员工恐惧对工作分析的影响;
4.员工恐惧的解决方法;
5.动态环境的概念及其影响;
6.应对动态环境的解决办法;
7.工作分析实践中的其他问题。

☀ 同步强化训练

一、单项选择题

1.在工作分析中存在着"只见树木,不见森林"的误区,可以表现
为   （ ）
  A.工作分析框架与技术缺乏假设系统
  B.工作分析缺乏对流程的衔接与磨合
  C.忽视对工作分析过程的管理与控制
  D.工作分析框架与技术缺乏系统假设
2.人力资源开发和管理科学化的基础是   （ ）
  A.岗位设计   B.薪酬设计
  C.培训考核   D.工作分析

3.下列关于员工恐惧对工作分析的影响,不正确的是　　　（　　）

　　A.员工恐惧影响工作分析计划的制订

　　B.员工恐惧影响工作分析的实施过程

　　C.员工恐惧影响工作分析结果的可靠性

　　D.员工恐惧影响工作分析结果的有效性

4.Konz 和 Schneider 在 1989 年提出　　　　　　　（　　）

　　A.战略工作分析　　　　　B.未来导向工作分析

　　C.前瞻工作分析　　　　　D.传统工作分析

5.某企业将所拟定的工作分析计划方案提交高层领导、中层领
　导和员工代表进行讨论。如果从工作分析的组织与实施角度
　来考察,企业这么做的目的是　　　　　　　　　　（　　）

　　A.为了使得所有成员都能够了解工作分析计划方案的内容

　　B.为了取得企业成员的认同

　　C.为了展示人力资源管理部门的劳动成果

　　D.证明企业管理的规范性

6.下列选项中不属于员工恐惧表现的是　　　　　　（　　）

　　A.员工态度冷淡、言语讥讽

　　B.对工作分析的抵触情绪严重

　　C.工作分析实施者对员工态度傲慢

　　D.不予提供相关资料

7.员工恐惧产生的根本原因是　　　　　　　　　　（　　）

　　A.准备工作不充分　　　B.工作分析的减员降薪功能

　　C.测量工作负荷和强度　D.问题大而不当

8.员工不支持访谈或调查工作,会影响工作分析的哪方面

　　　　　　　　　　　　　　　　　　　　　　　　（　　）

　　A.结果可靠性　　　　　B.结果的应用

　　C.实施过程　　　　　　D.没有影响

9.员工恐惧产生的现实原因是　　　　　　　　　　（　　）

　　A.测算工作负荷和工作强度　B.工作分析的降薪功能

　　C.工作分析的减员功能　　　D.工作分析结果的不科学性

10. "各部门主管对一年内工作情况进行汇总,并征询本部门员工的意见"放在年度工作分析的哪个阶段 （　）
    A. 间隔期内　　　　　　　　B. 实施之前
    C. 实施期间　　　　　　　　D. 实施之后

11. 实施年度工作分析和适时工作分析的目的是 （　）
    A. 打破传统工作分析的时间限制
    B. 使工作分析能够适应组织发展的变化
    C. 优化人力资源管理
    D. 根据动态环境的变化及时调整工作分析的结果

12. 下列关于适时工作分析的缺陷,说法正确的是 （　）
    A. 实施周期太长
    B. 实施成本过高,而且会造成工作无计划
    C. 涉及面太广,造成无效工作
    D. 产生绩效与公司福利不匹配现象

13. 能够较好满足团队"无边界工作""无边界组织"特征需求的是 （　）
    A. 季度工作分析　　　　　　B. 战略性工作分析
    C. 弹性职位说明书　　　　　D. 年度工作分析

14. 工作分析人员通常不包括 （　）
    A. 工作分析专家　　　　　　B. 主管
    C. 任职者　　　　　　　　　D. 组织客户

15. 下列不属于职位说明书构成部分的是 （　）
    A. 工作描述　　　　　　　　B. 工作者说明书
    C. 报酬因素　　　　　　　　D. 工作人数

16. 在选择工作分析者时,不是必须条件的是 （　）
    A. 对所分析的岗位有丰富的经验
    B. 有弱势与少数人团体的代表
    C. 分析者是否为部门领导
    D. 分析者为专家

17. 在战略性工作分析的操作层面中,邀请相关人员进行访谈和
讨论时采用的方法是　　　　　　　　　　（　　）

　　A. 由核心员工到外围员工　B. 自下而上

　　C. 自上而下　　　　　　　　D. 以上都不对

18.《职位说明书》编制流程中修订、审核初稿的是　　（　　）

　　A. 部门负责人　　　　　　B. 岗位任职者

　　C. 人力资源部　　　　　　D. 高层领导

19. 工作分析的"PDCA"工作流程顺序是指　　　　　（　　）

　　A. 计划、执行、检查、处理　B. 执行、检查、处理、计划

　　C. 检查、执行、计划、处理　D. 处理、计划、执行、检查

20. 可以解决年度工作分析和适时工作分析高成本问题的方法
是　　　　　　　　　　　　　　　　　（　　）

　　A. 综合交叉使用年度和适时工作分析

　　B. 先使用年度工作分析,再使用适时工作分析

　　C. 使用战略性工作分析

　　D. 先使用适时工作分析,再使用年度工作分析

二、多项选择题

1. 对工作分析实践产生影响的动态环境包括　　　　（　　）

　　A. 外部环境变化

　　B. 企业生命周期的变化

　　C. 员工能力层次、需求层次的提高

　　D. 工作设计、管理人员的发展

　　E. 工作本身的不确定性

2. 导致员工恐惧产生的原因主要有　　　　　　　（　　）

　　A. 工作分析的减员功能　　B. 工作分析的降薪功能

　　C. 测量工作负荷的强度　　D. 了解员工工作的内容

　　E. 工作分析准备不充分

3. 提出战略性工作分析的 Sanchez 认为，为了适应新的需要，可以作为工作分析信息来源的人员组成包括 （　）

A. 任职者　　　　　　　　B. 企业的战略制订者

C. 人力资源管理者　　　　D. 相关领域的行业专家

E. 经济学家

4. 工作分析实践中工作分析主体问题的主要表现包括 （　）

A. 过程不实　　　B. 操作性不强　　　C. 可靠性低

D. 成果应用效果较差　　E. 实用性差

5. 年度工作分析的主要缺陷有 （　）

A. 实施成本较高

B. 产生绩效与工资福利等不相匹配的现象

C. 部门管理者对工作变化敏感度不高

D. 影响岗位员工的实际工作过程

E. 造成诸多无效的工作

三、名词解释题

1. 员工恐惧　　　2. 动态环境　　　3. 工作分析契约

四、简答题

1. 简要回答员工恐惧的表现形式。

2. 简要回答员工恐惧产生的原因。

3. 简要回答应对动态环境的解决办法。

4. 简要回答员工恐惧的解决办法。

五、论述题

1. 论述员工恐惧对工作分析的影响。

2. 论述工作契约的具体表现及其影响。

六、案例分析题

David 的困局

人力资源专员 David 接到指示,公司在这个月将开展工作分析。人力资源部的每个成员自然成为工作分析小组成员,David 要负责销售部门各个岗位的工作分析。他决定先从普通的销售员开始,从下往上分析,把销售经理摆在最后。

事实上,普通员工的态度并没有 David 预期的那样配合。"工作分析? 干嘛用的? 你们人力资源部还真是吃饱了没事干",资历深厚的直接质疑 David。"哦,是不是要裁人啦? 怎么突然要分析工作了呢",胆小者支支吾吾,疑心重重。"真抱歉,手头忙,等过一阵再谈吧",态度冷淡不配合的更不在少数。一周下来,David 精疲力竭,却收获寥寥。

问题:

为何会出现案例中的现象? 应该采取什么方法才能消除这种状态?

♛ 参考答案及评析

一、单项选择题

1. B　2. D　3. A　4. A　5. A　6. C　7. B　8. A　9. A　10. C
11. D　12. B　13. C　14. D　15. C　16. C　17. C　18. A　19. A
20. A

二、多项选择题

1. ABCE　2. ABCE　3. ABCDE　4. ABD　5. ABCDE

三、名词解释题

1. 员工恐惧:指由于员工害怕工作分析会对其已熟悉的工作环境带来变化或者会引起自身利益的损失,而对工作分析小组成员及其工作采取不合作甚至敌视的态度。

2. 动态环境:指企业所处的宏观经济环境(包括政治、经济、社会环境)、产业环境、企业内部环境等随着时间的变化,市场竞争在形式、内容上所表现出来的差异,其主要特征是动态变化。

3. 工作分析契约:指企业管理者和员工普遍存在的一种心理认同观念,即认为工作分析的结果在某种程度上相当于一种契约,员工和管理层都必须按其所描述的那样履行工作。

四、简答题

1. 简要回答员工恐惧的表现形式。

答:员工恐惧的表现形式如下:

(1)员工恐惧表现形式为员工对工作分析实施者的冷淡,抵触情绪;

(2)员工恐惧表现在,员工所提供的信息资料存在与实际有明显的出入和故意歪曲。

2. 简要回答员工恐惧产生的原因。

答:员工恐惧产生的原因如下:

(1)工作分析的减员降薪功能是员工恐惧产生的根本原因;

(2)测量工作负荷和强度是员工恐惧产生的现实原因;

(3)准备工作不充分是员工恐惧产生的必然原因;

(4)问题大而不当是员工恐惧产生的内在原因。

3. 简要回答应对动态环境的解决办法。

答:应对动态环境的方法如下:

(1)年度工作分析;

(2)适时工作分析;

(3)弹性职位说明书;

(4)其他方法:未来导向和战略性工作分析、人力资源管理者的超前规划。

4. 简要回答员工恐惧的解决办法。

答:员工恐惧的解决办法如下:

(1)事前做好准备,消除员工顾虑;

(2)阐明工作分析目的,员工参与工作分析活动;

(3)适当承诺,给员工吃"定心丸";

(4)反馈信息,员工明确工作职责与权限;

（5）重视工作分析的结果在企业中的应用，提高员工的参与性。

五、论述题

1.论述员工恐惧对工作分析的影响。

答：对工作分析的影响如下。

（1）对工作分析实施过程的影响。由于员工害怕工作分析对自己的现存利益造成威胁，因此会产生对工作分析小组工作的抵触情绪，不支持其访谈或调查工作，从而使工作分析实施者收集工作信息的工作难以进行下去。

（2）对工作分析结果可靠性的影响。因员工固有的观念认为工作分析是为裁员和增效减薪而实施的，所以他们即使提供给工作分析专家有关于工作的信息，这些信息也有可能是虚假的。而工作分析专家在这些虚假信息的基础上，对工作所作出的具体分析，很难说是正确的，最终产生的工作分析结果——职位说明书和工作规范的可信度也值得怀疑。

（3）对工作分析结果应用的影响。企业运用这些在虚假信息基础之上形成的工作分析结果，必将产生严重的后果。如果在员工的培训中，根据这些不符合实际的职位说明书和工作规范中有关员工知识、技术、能力的要求而安排培训计划，那培训项目很可能并不能为公司带来预想的成效。如果采用这些虚假信息进行绩效评估，那评估结果的真实性和可信性也值得深究。甚至，如果再根据此评估结果对员工进行奖惩、升降等，会打击高效率员工工作的积极性，而且会强化那些工作原本不怎么出色的员工的某些不利于公司发展的行为。

2.论述工作契约的具体表现及其影响。

答：工作契约的具体表现及其影响如下。

（1）主管人员交代给下属某项临时工作时，却遭遇下属拒绝，其理由是职位说明书中并未列出该项工作内容。

（2）下属想承担更多责任时，也会遭主管的拒绝（当然此处讲的是上级并非婉言拒绝），其理由同样是其职位说明书中并未列出该项工作职责；而且因为职位说明书中所列出的任职资格常常会被认为就是该岗位现职员工所有的知识层次、技术水平和能力水平，因此并不要求员工具备承担更多责任的能力。

(3)如果主管想增加员工的工作,而不会遭到员工的拒绝,就可以采取改变职位说明书的方法,即在职位说明书中增加该工作的主要工作内容。但是如果该工作只是临时性的或者是非经常发生的,那么为此而修改职位说明书则是费力而无多大效用的。解决此问题的一个较好的方法就是在编写职位说明书时,要注意周全性、完备性。在工作主要内容一栏可以加入"履行上级指定的其他工作"一条,这样员工就不能再以职位说明书为由,拒绝所分派的临时性工作任务。在工作规范的"注"中明确任职资格只是从事该工作的一些基本要求,是员工的知识、技能的最低界限,这样,主管也不能以此为由,拒绝员工承担更多责任的请求。

六、案例分析题

答题要点:

员工对 David 工作或质疑或冷淡,问题并不在 David 身上。员工对工作分析实施者态度冷淡,有抵触情绪其实是员工对工作分析恐惧的一种表现。这个案例中,员工之所以对工作分析产生恐惧,主要原因就是事先没有作宣传动员。员工不清楚工作分析的原因、流程、目的,心里没底,自然对这项突如其来的工作不配合,对实施者也有不信任感。

解决办法:事前解释,明确目的。假如 David 所在的公司管理层决定要进行工作分析,那么就应该在分析工作实施前做好充分的准备与铺垫:成立工作分析小组,制订计划、步骤、目的。工作分析的主要目的通常是为了设计、制订高效运行的企业组织结构;制订考核标准及方案,科学开展绩效考核工作;设计出公平合理的薪酬福利及奖励制度方案;使得人尽其才。

公司的 CEO 应该在全体员工大会上,告诉大家工作分析的目的,让他们明白,这是一个客观公正的调查分析,并不是针对个人,要裁员或者降薪。消除了员工的心理障碍,后面 David 的工作也比较好做了。另外,人力资源部也需要把工作分析的执行步骤、方法告诉大家,将流程公开,让员工心中有数。

附录一 真题试卷

工作分析全真模拟试卷(一)

(课程代码 06092)

本试卷满分 100 分,考试时间 150 分钟。

总　分		题号	一	二	三	四	五	六
核分人		题分	22	10	15	25	12	16
复查人		得分						

得分	评卷人	复查人

一、单项选择题(本大题共 22 小题,每小题 1 分,共 22 分)在每小题列出的四个备选项中,只有一个是符合题目要求的,请将其代码填写在题后的括号内。错选、多选或未选均无分。

1. 职位分类的总原则是 （　　）

　　A. 因事设职　　　　　　　　B. 整分合原则

　　C. 系统原则　　　　　　　　D. 最低职位数量原则

2. 人力资源开发和管理科学化的基础是 （　　）

　　A. 岗位设计　　　　　　　　B. 薪酬设计

　　C. 培训考核　　　　　　　　D. 工作分析

3. 最早论述分工问题的古代思想家是 （　　）

　　A. 管仲　　　　　　　　　　B. 王符

　　C. 柏拉图　　　　　　　　　D. 色诺芬

4. 认为不同工作岗位的要求存在差异性,让每个人从事他们最适合的工作才能取得最大效率的古代思想家是 （　　）

A. 柏拉图 　　　　　　　B. 亚当·斯密

C. 苏格拉底 　　　　　　D. 大卫·李嘉图

5. 下列工作分析的常用方法中,广泛应用了概率和数理统计学原理的是 　　　　　　　　　　　　　　　　　　（　　）

A. 职位分析问卷法 　　　B. 测时法

C. 工作抽样法 　　　　　D. 工作写实法

6. 不适应于脑力劳动为主的工作还容易造成员工反感的工作分析方法是 　　　　　　　　　　　　　　　　　　　（　　）

A. 观察法 　　　　　　　B. 问卷法

C. 工作日志 　　　　　　D. 面谈法

7. 工作分析过程的核心阶段是 　　　　　　　　　　　（　　）

A. 制订具体的实施操作计划　　B. 实际收集与分析工作信息

C. 与有关人员进行沟通　　　　D. 编写职位说明书

8. 下列选项中属于在工作分析持续改进时期的问题是 　（　　）

A. 未将成果及时反馈给员工

B. 将设计好的职位说明书直接使用

C. 编写部门未及时关注修改意见

D. 职位说明书没有被有效应用

9. 对必备技能、必备经验以及必备心理素质的分析属于 （　　）

A. 工作名称分析 　　　　B. 工作条件分析

C. 工作内容分析 　　　　D. 工作环境分析

10. 在明确界定工作职责的基础上对如何衡量每项职责完成情况的规定称为 　　　　　　　　　　　　　　　　　（　　）

A. 业绩标准 　　　　　　B. 履行程序

C. 变量标准 　　　　　　D. 职责分解

11. 下列说法中正确的是 　　　　　　　　　　　　　（　　）

A. 以工作为导向的推导方法依赖于量化的职位分析问卷

B. 以行为为导向的推导方法具有普遍的适用性

C. 基于定量化职位分析方法仅用于通用要素

D. 基于公共数据的方法成本较高

12. 下列建立任职资格的方法中准确性最高的是 （　　）

A. 以工作为导向的任职资格推导方法

B. 以人员为导向的推导方法

C. 基于定量化职位分析方法

D. 基于企业实证数据的方法

13. 下列可以作为关键行为动词的是 （　　）

A. 负责 B. 开展

C. 提高 D. 确保

14. 工作职责主要包括业务职责和 （　　）

A. 管理职责 B. 监督职责

C. 协调职责 D. 控制职责

15. 采用非定量的方法，只是根据工作岗位的相对价值按高低次序进行排列，从而确定一个工作岗位与其他工作岗位的关系的职位评价方法是 （　　）

A. 职位分类法 B. 要素计点法

C. 职位排序法 D. 因素比较法

16. 有关海氏职位评价系统说法中正确的是 （　　）

A. 实质是要素比较法

B. 实质是评分法

C. 主要用于生产类的岗位

D. 不能将不同部门间的不同职位进行比较

17. "突出核心，最低化，降低成本"是指工作设计要突出的原则是 （　　）

A. 一般性原则 B. 最少岗位数原则

C. 因事设岗原则 D. 客户导向原则

18.确保工作的要求不会超出人的心理能力和心理界限之外的工作
　　设计方法是　　　　　　　　　　　　　　　　　（　　）

　　A.激励型工作设计法　　　　B.知觉运动型工作设计法

　　C.机械型工作设计法　　　　D.生物型工作设计法

19.下列统计方法中可以确定从事某个特定工作的任职者相互间在
　　多大程度上进行重复性工作的是　　　　　　　　　（　　）

　　A.百分比分布　　　　　　　B.集中趋势分析

　　C.离散程度分析　　　　　　D.关系分析

20.可以用工作分析结果的平均数和中位数衡量工作分析质量的统
　　计方法是　　　　　　　　　　　　　　　　　　　（　　）

　　A.百分比和百分比分布　　　B.集中趋势分析

　　C.关系分析　　　　　　　　D.重叠统计方法

21.员工恐惧产生的根本原因是　　　　　　　　　　　（　　）

　　A.测量工作负荷　　　　　　B.测量工作强度

　　C.工作分析的减员降薪功能　D.工作分析结果的不科学性

22.员工恐惧产生的现实原因是　　　　　　　　　　　（　　）

　　A.测量工作负荷和工作强度　B.工作分析的降薪功能

　　C.工作分析的减员功能　　　D.工作分析结果的不科学性

得分	评卷人	复查人

二、多项选择题(本大题共 5 小题,每小题
　　2 分,共 10 分)在每小题列出的五个备
　　选项中至少有两个是符合题目要求
　　的。请将其代码填写在题后的括号
　　内。错选、多选、少选或未选均无分。

23.下列工作分析法中属于客观描述方法的有　　　　　（　　）

　　A.工作日写实法　　　　B.问卷调查法　　　　C.访谈法

　　D.观察法　　　　　　　E.关键事件法

24.工作分析的总体实施方案内容通常包括　　　　　　（　　）

　　A.工作分析方法的选择　　　　B.界定待分析的工作样本

C.工作分析的目的和意义　　　D.工作分析的应用与反馈

E.所需的背景资料和配合

25.工作范围主要包括的内容有　　　　　　　　　　　（　　）

A.技术资源　　　　　　B.财务资源　　　　　C.人力资源

D.活动范围　　　　　　E.信息资源

26.下列建立任职资格的五种方法中具有普遍适用性的有　（　　）

A.以工作为导向的推导方法　　B.以行为为导向的推导方法

C.基于定量化职位分析方法　　D.基于企业实证数据的方法

E.基于公共数据的方法

27.下列多元统计方法中常用于工作分类领域的包括　　　（　　）

A.多维度量表　　　　　B.聚类分析　　　　　C.多元回归分析

D.多因素方差分析　　　E.典型相关关系

得分	评卷人	复查人

三、名词解释题(本大题共 5 小题,每小题 3 分,共 15 分)

28.任职资格　　　　　29.工作日写实法　　　　　30.职位描述

31.要素计点法　　　　32.工作信息的质量鉴定

得分	评卷人	复查人

四、简答题(本大题共 5 小题,每小题 5 分,共 25 分)

33.简要回答在何种情形下组织需要进行工作分析。

34.简述测时法的基本功能。

35.简要回答基于战略的职责分解的具体步骤。

36.职位说明书的填写原则。

37.简述职位评价的原则。

得分	评卷人	复查人

五、论述题(本大题共 1 小题,每小题 12 分,共 12 分)

论述员工恐惧对工作分析的影响及其解决对策。

得分	评卷人	复查人

六、案例分析题(本大题共 1 小题,每小题 16 分,共 16 分)

A公司是中关村的一家从事软件开发与生产的股份有限公司。他们在 2010 年 9 月进行了大规模的工作分析,根据分析结果,编写了各岗位的说明书。在初期,这个说明书确实给企业带来了方便与效率。但从 2011 年 6 月开始,各部门主管就开始抱怨职位说明书中对人员的编制说明禁锢了部门及公司的发展。公司组织专人对此进行了调研,结果发现:随着生产技术的发展,产品的生命周期已缩短(大约仅为 12 个月),而职位说明书降低了人力资源使用的弹性。当今软件开发所要求的知识更新速度加快,对任职人员的资格条件也会随之改变,职位说明书若不及时修改,根本起不了作用。所以该公司决定不再进行工作分析,也不再使用职位说明书等任何工作分析结果。

【问题】

(1)案例中反映出工作分析在当今时代面临着什么问题?(6 分)?

(2)你觉得应该如何处理这些问题,谈谈你的建议。(10 分)

👑 参考答案及评析

一、单项选择题

1. A　2. D　3. A　4. C　5. C　6. A　7. B　8. A　9. B　10. A
11. B　12. D　13. A　14. A　15. C　16. B　17. B　18. B　19. C
20. B　21. C　22. A

二、多项选择题

23. AD　24. ABCE　25. CDE　26. ABC　27. ABE

三、名词解释题题

28. 任职资格,指的是与工作绩效高度相关的一系列人员特征(1分),具体包括:为了完成工作并取得良好的工作绩效,任职者所需具备的知识、技能、能力以及个性特征要求(2分)。

29. 工作日写实是指对员工整个工作日的工时利用情况(1分),按实际时间消耗的顺序(1分),进行观察、记录和分析的一种方法(1分)。

30. 职位描述是对职位本身的内涵和外延加以规范的描述性文件(1分)。其主要内容包括工作的目的、职责、任务、权限、工作的环境条件、工作的负荷等(2分)。

31. 要素计点法就是选取若干关键性的薪酬因素,并对每个因素的不同水平进行界定,同时给各个水平赋予一定的分值,这个分值也称作是"点数"(2分),然后按照这些关键的薪酬因素对职位进行评价,得到每个职位的总点数,以此决定职位的薪酬水平(1分)。

32. 工作信息的质量鉴定就是用测量与统计两种手段(1分),对工作信息的类型及其主、客观性进行鉴定的过程(2分)。

四、简答题

33. 在下列情况下,组织最需要进行工作分析。

(1)一个新的组织的建立。新的企业、部门或岗位由于目标的分解,组织的设计与人员招聘等都需要进行工作分析(1分)。

(2)由于战略调整和业务的发展,使工作内容、工作性质、工作流程发生变化,需要进行工作分析(1分)。

(3)企业由于技术创新,劳动生产率的提高,需重新进行定岗、定员、定编(1分)。

(4)新的管理模式的导入以及制度建设的需要,比如绩效考核、晋升、培训机制的跟进需要进行工作分析(1分)。

(5)企业涉足新的行业和外部客户的需求提高时,也需要企业进行及时的工作分析(1分)。

34.测时法的基本功能如下:

(1)以工序作业时间为消耗对象,为制订工时定额提供数据资料(1分)。

(2)提供测时,总结和推广先进的方法和经验并不断改进,减轻体力消耗和劳动强度(1分)。

(3)合理确定工作岗位的劳动负荷量,以便改善劳动组织,提高劳动生产率(1分)。

(4)为掌握岗位的劳动负荷量以及体力劳动强度分级提供数据(1分)。

(5)弥补其他工作分析无法获得的工时数据资料(1分)。

35.基于战略的职责分解的具体步骤包括:

(1)确定职位目的(1分);

(2)分解关键成果领域(1分);

(3)确定职责目标(1分);

(4)确定达成职责目标的行动(1分);

(5)形成初步的职责描述(1分)。

36.职位说明书的填写原则是:

(1)对职位信息进行分析而非罗列(1分);

(2)针对的是职位而非人(1分);

(3)列举事实而非判断(1分);

(4)职位目前的状况而非过去或将来的状况(1分);

(5)内容完整,不要有遗漏(1分)。

37.职位评价的原则有:

(1)对岗不对人的原则(1分);

(2)适宜性原则(1分);

(3)评估方法、评估标准统一的原则(1分);

(4)过程参与原则(1分);

(5)结果公开的原则(1分)。

五、论述题

对工作分析的影响如下:

(1)对工作分析实施过程的影响。由于员工害怕工作分析对自己的现存利益造成威胁,可能会对工作分析小组的工作产生抵触情绪,不支持访谈,让信息收集工作难以进行下去(2分)。

(2)对工作分析结果可靠性的影响。员工认为工作分析是为裁员和增效减薪而实施的,所以员工提供的信息可能是虚假的,工作分析专家在此基础上产生的职务说明书和工作规范的可信度值得怀疑(2分)。

(3)对工作分析结果应用的影响。工作分析结果的不可靠性必然影响应用中产生的具体效果。根据不符合实际的职务说明书和工作规范安排培训计划,进行绩效考核以及再据此对员工进行奖惩、升降,都不可能带来预想的成效,不利于公司的发展(2分)。

解决对策:

(1)事前做好准备,消除员工顾虑(1分);

(2)阐明工作分析目的,让员工参与工作分析活动(1分);

(3)适当承诺,给员工吃"定心丸"(1分);

(4)反馈信息,让员工明确工作职责与权限(1分);

(5)重视工作分析的结果在企业的应用,提高员工的参与性(2分)。

六、案例分析题

(1)工作分析在当今所面临的困难:第一,生产技术的飞速发展,产品生命周期逐渐缩短,原工作分析、职位说明书更新节拍慢且不适应发展(2分);第二,当今软件开发所要求的产品知识更新速度极快,对岗位、人员要求随之不断提高(2分);第三,各部门经理不断抱怨职位说明书不符合其部门现在的主要职责和任务,说明工作分析不透彻或说不到点子上,造成职位说明书脱离实际或职责和任务分得太细,致使岗位编制没有契合人员需求(2分)。

(2)建议:第一,人力资源部应找专业人士编写岗位说明(2分);第二,岗位说明只能按其工作范围、要求来编制(2分);第三,按岗位要求对所有人员进行月度绩效考核(3分);第四,根据动态工作分析原理,依据市场变化带来的职责和岗位的变化适时进行年度工作分析、季度工作分析甚至是月度工作分析(3分)。

工作分析全真模拟试卷(二)

(课程代码 06092)

本试卷满分 100 分,考试时间 150 分钟。

总　分		题号	一	二	三	四	五	六
核分人		题分	22	10	15	25	12	16
复查人		得分						

得分	评卷人	复查人

一、单项选择题(本大题共 22 小题,每小题 1 分,共 22 分)在每小题列出的四个备选项中,只有一个是符合题目要求的,请将其代码填写在题后的括号内。错选、多选或未选均无分。

1. 工作中不能继续分解的最小动作单位是　　　　　　　　　　(　)

   A. 任务　　　　　　　　　　B. 职责细分

   C. 工作要素　　　　　　　　D. 职位

2. 职位分类的总原则是　　　　　　　　　　　　　　　　　(　)

   A. 因事设职　　　　　　　　B. 整分合原则

   C. 系统原则　　　　　　　　D. 最低职位数量原则

3. 大学讲师与研究所的助理研究员属于同一　　　　　　　　(　)

   A. 职系　　　　　　　　　　B. 职级

   C. 职等　　　　　　　　　　D. 职位

4. 下列哪类人员的职位分析比较适合采用观察法　　　　　　(　)

   A. 律师　　　　　　　　　　B. 急救站护士

   C. 外企经理　　　　　　　　D. 居民区保安

5. 下列选项中属于员工工作所处社会环境维度的是 （　　）

　　A. 工作的危险性　　　　　　　B. 工作环境的温度

　　C. 工作地点的生活方便程度　　D. 工作环境的辐射

6. 职位分析中的任职资格又称为 （　　）

　　A. 工作规范　　　　　　　　　B. 工作分析

　　C. 职务分析　　　　　　　　　D. 职位规范

7. 在工作中赋予员工更多的责任、自主权和控制权的岗位设计方法

　　是 （　　）

　　A. 工作扩大化　　　　　　　　B. 工作丰富化

　　C. 工作轮换　　　　　　　　　D. 工作内容充实

8. 工作分析的思想与活动最早起源于 （　　）

　　A. 政府管理　　　　　　　　　B. 侵略战争

　　C. 工业生产　　　　　　　　　D. 社会分工

9. HAY 冰山素质模型在"能力"内涵上的差异表现在它包含了下列

　　哪个因素 （　　）

　　A. 个性　　　　　　　　　　　B. 智力

　　C. 技能　　　　　　　　　　　D. 潜力

10. 下列建立任职资格的方法中成本最低的是 （　　）

　　A. 基于公共数据的方法

　　B. 基于企业实证数据的方法

　　C. 基于定量化职位分析方法

　　D. 以工作为导向的任职资格推导方法

11. 常被用于检验工作分析结果和解决工作分类问题的统计方法是

　　（　　）

　　A. 因素分析　　　　　　　　　B. 离散程度分析

　　C. 聚类分析　　　　　　　　　D. 多元回归分析

12. 某职位能够直接控制的资源的数量和质量属于 （　　）

　　A. 工作范围　　　　　　　　　B. 工作权限

　　C. 工作条件　　　　　　　　　D. 工作关系

13. 下列选项中属于主观性信息的是   （   ）

    A. 温度计测体温   B. 直尺测量身高

    C. 新闻预报天气   D. 目测讲台的高度

14. "对同一工作信息,进行重复鉴定所得到的结果的相似程度"可用

    来评价工作描述的   （   ）

    A. 统一性   B. 稳定性

    C. 时效性   D. 等效性

15. 下列有关工作丰富化的说法错误的是   （   ）

    A. 以员工为中心的工作再设计

    B. 强调企业使命和员工对工作的满意度相联系

    C. 双因素理论提供了内容和手段

    D. 工作特征模型是理论基础之一

16. 下列人员中工作自主性最高的是   （   ）

    A. 保险推销员   B. 超市收银员

    C. 街道清洁工   D. 电子厂流水线工人

17. 工作 A 的任职者从事 13 种不同任务,工作 B 的任职者从事 12 种

    任务,工作 A 和 B 的重叠部分是 72%,则工作 A 和 B 共同的任

    务数是   （   ）

    A. 7   B. 8

    C. 9   D. 10

18. 在工作分析中使用因素分析的目的是   （   ）

    A. 缩减项目数量   B. 增加项目数量

    C. 比较项目类型   D. 分析项目属性

19. 下列选项中属于保健因素的是   （   ）

    A. 成就感   B. 别人的认可

    C. 工作环境   D. 人际关系

20. 确保工作的要求不会超出人的心理能力和心理界限之外的工作
   设计方法是   （   ）
   A. 激励型工作设计法   B. 知觉运动型工作设计法
   C. 机械型工作设计法   D. 生物型工作设计法

21. 社会经验的四个层次中处在最里层的是   （   ）
   A. 管理经验   B. 一般工作经验
   C. 专业工作经验   D. 相关专业工作经验

22. 在薪酬理论中因为常常得到额外的补偿性工资而作为职位评价
   中的要素出现的是   （   ）
   A. 工作压力因素   B. 工作技术因素
   C. 工作时间因素   D. 工作环境因素

得分	评卷人	复查人

二、多项选择题(本大题共 5 小题,每小题
2 分,共 10 分)在每小题列出的五个备
选项中至少有两个是符合题目要求
的。请将其代码填写在题后的括号
内。错选、多选、少选或未选均无分。

23. 工作分析容易陷入的误区有   （   ）
   A. 重技术,轻理念   B. 重结果,轻过程   C. 重繁复,轻简洁
   D. 重形式,轻应用   E. 重现状,轻战略

24. 工作设计的主体包括   （   ）
   A. 各级管理者   B. 供应商   C. 人力资源管理专家
   D. 有关员工   E. 消费者

25. 下列选项中属于工作所处自然环境的是   （   ）
   A. 工作连续性   B. 职业病的可能
   C. 工作环境的舒适程度   D. 工作环境的危险性
   E. 工作场所

26. 在工作信息的收集渠道中来源于组织内部的文献有   （   ）
   A. 组织现有的政策文献   B. 劳动合同

C.以前的职位说明书　　　　　D.人力资源管理文献

E.工作职责描述

27.导致员工恐惧产生的原因主要有　　　　　　　　　　（　　）

A.工作分析的减员功能　　　　B.工作分析的降薪功能

C.测量工作负荷的强度　　　　D.了解员工工作的内容

E.工作分析准备不充分

得分	评卷人	复查人

三、名词解释题(本大题共 5 小题,每小题 3 分,共 15 分)

28.工作丰富化　　　29.测时法　　　　30.工作规范

31.职位评价　　　　32.员工恐惧

得分	评卷人	复查人

四、简答题(本大题共 5 小题,每小题 5 分, 共 25 分)

33.简要回答员工恐惧的解决办法。

34.简要回答工作设计的原则。

35.简述职位评价的内容。

36.简要回答职位调查问卷法的优点。

37.简述建立任职资格的方法。

得分	评卷人	复查人

五、论述题(本大题共 1 小题,每小题 12 分,共 12 分)

论述工作分析的意义。

得分	评卷人	复查人

六、案例分析题(本大题共 1 小题,每小题 16 分,共 16 分)

虎队为何总是输呢?

龙队和虎队两支龙舟队进行了很长时间的训练后开始了正式的比赛,比赛结果是龙队获胜,虎队落后于龙队 1 千米。

看到这个结果,虎队的领导很不服气,召集大家开会分析原因,经过研究后发现,龙队成员的组成是八个划桨员、一个掌舵员,而虎队恰恰相反,虎队的成员组成是八个掌舵员、一个划桨员,不过虎队领导并未看重这一点,而是聪明地认为,是八个掌舵员当中没有中心,没有层次。于是,虎队领导调整了掌舵员的组织结构,其中 4 个为掌舵经理,全面负责掌握航向,3 个区域掌舵经理,分工负责自己的区域,剩下的 1 个为行政后勤人员,为掌舵经理提供后勤服务,同时监督划船员的行为。仍然只有一个划船员。

于是两队又进行了很长的训练后再次进行比赛,这次比赛的结果,不用说大家已经知道了,这次比赛结果还是龙队赢,虎队落后 2 千米。虎队领导很恼火,比赛结束后马上召集大家开会,经过讨论,大家一直认为是划船员工作不力,予以开除,行政后勤员工作监督不力,予以处分,但是考虑他为领导服务细心周到,功过相抵,不予追究,而领导班子成员每人发一个红包,以奖励他们共同发现了根本问题。

问题:

(1)通过这个案例找出虎队总是输的原因有哪些?(8 分)

(2)如果你是虎队的领导者,你该如何应对这些问题?(8 分)

♔ 参考答案及评析

一、单项选择题

1. C　2. A　3. C　4. D　5. C　6. A　7. B　8. D　9. A　10. A
11. C　12. A　13. D　14. B　15. C　16. A　17. C　18. A　19. D
20. B　21. B　22. A

二、多项选择题

23. ABCDE　24. ACD　25. BCDE　26. ABCDE　27. ABCE

三、名词解释题

28. 工作丰富化指以员工为中心的工作再设计(2分),它是一个将企业的使命与员工对工作的满意程度联系起来的概念(1分)。

29. 测时法指以工序或某一作业为对象(1分),按照操作顺序进行实地观察、记录、测量和研究工时消耗的一种工作分析方法(2分)。

30. 工作规范是指全面反映工作对从业人员的品质、特点、技能以及工作背景或经历(2分)等方面要求的书面文件(1分)。

31. 职位评价就是指根据工作分析的结果(1分),按照一定的标准,对工作的性质、强度、责任、复杂性以及所需的任职资格等因素的差异程度,进行综合评估的活动(2分)。

32. 员工恐惧指由于员工害怕工作分析会对其已熟悉的工作环境带来变化或者会引起自身利益的损失(1分),而对工作分析小组成员及其工作采取不合作甚至敌视的态度(2分)。

四、简答题

33. 员工恐惧的解决办法如下:

(1)事前做好准备,消除员工顾虑(1分);

(2)阐明工作分析目的,员工参与工作分析活动(1分);

(3)适当承诺,给员工吃"定心丸"(1分);

(4)反馈信息,员工明确工作职责与权限(1分);

(5)重视工作分析的结果在企业的应用,提高员工的参与性(1分)。

34.工作设计的原则如下:

(1)因事设岗原则(1分);

(2)动静结合原则(1分);

(3)工作满负荷原则(1分);

(4)工作环境优化原则(1分);

(5)员工能力开发原则(1分)。

35.职位评价的内容主要包括:

(1)工作的任务和责任(1分);

(2)完成工作所需要的技能(1分);

(3)工作对组织整体目标实现的相对贡献大小(1分);

(4)工作的环境和风险等(2分)。

36.职位调查问卷法的优点有:

(1)费用低,速度快,节省时间,可以在工作之余填写,不至于影响工作(1分);

(2)调查范围广,可用于多种目的、多样用途的职位分析(2分);

(3)调查样本量很大,适用于需要对很多工作者进行调查的情况(2分)。

37.建立任职资格的基本方法包括:

(1)以工作为导向的推导方法(1分);

(2)以行为为导向的推导方法(1分);

(3)基于定量化职位分析方法(1分);

(4)基于企业实证数据的方法(1分);

(5)基于公共数据的方法(1分)。

五、论述题

工作分析的意义,主要表现在以下几个方面。

(1)为各项人事决策提供了坚实的基础。有了工作分析,企业的各级管理人员不论是选人、用人,还是育人、留人,都有了科学依据(2分)。

(2)通过对人员能力、个性等条件分析,做到人尽其才。工作分析的结果可以使人员的使用在"合适的时候把合适的人放在合适的岗位上"。避免"大材小用,小材大用"的现象(2分)。

(3)通过对工作职责,工作流程的分析,使"才能尽其职"。避免人力资源的浪费,提高工作效率(2分)。

(4)通过对工作环境、工作设备的分析,使人与机器相互配合,更好协调。使才尽其用,职尽其用,以完成组织的目标(3分)。

(5)能科学地评价员工的业绩,有效地激励员工。通过工作分析,了解员工与岗位各方面的信息,有助于科学地选拔员工、考核员工、奖励员工,达到激励的目的(3分)。

六、案例分析题

(1)原因:第一,虎队明显缺乏合理的工作分析过程,所有任务安排都是领导主观意志的结果(2分);第二,工作分析没有结合组织战略,也没有契合组织目标达成(2分);第三,职责定位不清,人员分工不当(2分);第四,工作分析缺乏事前的沟通和反馈,没有及时找准真正失败的原因,导致屡战屡败(2分)。

(2)对策:第一,领导在安排工作和任务之前,要事先进行调查分析,和团队成员进行充分的沟通和反馈(2分);第二,工作任务的安排和岗位的设置必须以组织战略和目标为前提(2分);第三,职责和岗位设置会影响组织结构的效率,不同的结构带来不同的运营成本,不同的结构带来的行为结果也不同,虎队多次输给龙队,就是一个教训和经验(2分);第四,要找准失败的真正原因,并对症下药去修正改善,用随意处分的方式只会带来团队的涣散和员工恐惧的产生(2分)。

附录二　高等教育自学考试试卷

2010 年 7 月高等教育自学考试

工作分析试卷

（课程代码 06092）

本试卷满分 100 分,考试时间 150 分钟。

总　分		题号	一	二	三	四	五	六
核分人		题分	22	10	15	30	11	12
复查人		得分						

得分	评卷人	复查人

一、单项选择题(本大题共 22 小题,每小题 1 分,共 22 分)在每小题列出的四个备选项中,只有一个是符合题目要求的,请将其代码填写在题后的括号内。错选、多选或未选均无分。

1. 下列选项中,对科学管理运动非人性倾向持否定态度的是　（　　）

　A. 人际关系运动　　　　　B. 管理心理学

　C. 公共关系学　　　　　　D. 工作分析

2. 工作分析的内容中,关键部分是　　　　　　　　　　　　（　　）

　A. 工作内容　　　　　　　B. 工作方法

　C. 工作目的与原因　　　　D. 工作过程与结构

3. 下列说法中,表述正确的是　　　　　　　　　　　　　　（　　）

　A. 职位说明书既包括对"事"的说明,也包括对"人"的说明

B. 资格说明书以"事"为中心

C. 职务说明书以"人"为中心,不以"事"为中心

D. 资格说明书是在工作描述基础上,对任职资格条件的界定与说明

4. 泰勒在工作分析方面的贡献主要是 （   ）

A. 发现工作分析最为重要的工作是从内行人那里获得真实而准确的信息

B. 完成了以解决人员配置为目的的工作分析方法论的研究

C. 将工程师的效率目标与心理学家的研究目标结合起来并应用到人力资源管理实践中

D. 设计出了一份优秀职员的资格说明书

5. 员工恐惧产生的现实原因是 （   ）

A. 测量工作负荷和工作强度

B. 工作分析的降薪功能

C. 工作分析的减员功能

D. 工作分析结果的不科学性

6. 在一定时间和空间里,一个员工需要完成的一系列任务的集合称为 （   ）

A. 职务   B. 要素

C. 职位   D. 职责

7. 结合了事业部式结构和职能式结构的组织形态是 （   ）

A. 直线式组织结构   B. 矩阵式组织结构

C. 区域式组织机构   D. 策略经营单位

8. 下列统计方法中,可以确定从事某个特定工作的任职者相互间在多大程度上进行重复性工作的是 （   ）

A. 百分比分布   B. 集中趋势分析

C. 离散程度分析   D. 关系分析

9.主要反映岗位劳动者智力付出和心理状态的评价指标是　（　　）

　A.劳动责任　　　　　　　　B.劳动技能

　C.劳动强度　　　　　　　　D.劳动环境

10.通过工作分析的研究,成功制订了均衡资格标准的是　（　　）

　A.宾汉　　　　　　　　　　B.巴鲁什

　C.吉尔布雷思夫妇　　　　　D.斯科特

11.如果一个组织设计出来的结构能使每个人对实现企业目标都有

　所贡献,这样的组织结构设计就是有效的,这种原则称为　（　　）

　A.目标统一原则　　　　　　B.组织效率原则

　C.领导原则　　　　　　　　D.平衡原则

12.下列选项中,能增加员工的新鲜感和责任感的岗位设计方法是

　　　　　　　　　　　　　　　　　　　　　　　　（　　）

　A.工作扩大化　　　　　　　B.工作轮换

　C.工作丰富化　　　　　　　D.工作内容充实

13.财税行政与保险行政属于　　　　　　　　　　　　（　　）

　A.同一职系　　　　　　　　B.同一职门

　C.同一职组　　　　　　　　D.同一职级

14.下列特征中属于管理跨度较窄的是　　　　　　　　（　　）

　A.有工作经验但经常参加培训

　B.能力强但主动跟下级沟通

　C.工作性质复杂但不愿承担责任

　D.授权明确但不愿开无实效会议

15.下列选项中属于管理人员岗位的是　　　　　　　　（　　）

　A.工程技术岗位　　　　　　B.后勤服务岗位

　C.生产操作岗位　　　　　　D.辅助岗位

16.下列工作分析方法中,对工作分析人员的技能素质要求非常高的

　是　　　　　　　　　　　　　　　　　　　　　　（　　）

　A.观察法　　　　　　　　　B.测时法

　C.工作日写实法　　　　　　D.关键事件分析法

17.经常以同一方式运用于任务问卷资料的统计方法是　（　　）

　A.因素分析　　　　　　　　B.多元回归分析

C. 典型相关关系   D. 多维度量表

18. 最早论述分工问题的古代思想家是   (　　)

　　A. 管仲   B. 王符

　　C. 柏拉图   D. 色诺芬

19. 下列有关岗位评价的表述中,正确的是   (　　)

　　A. 岗位评价的中心是现有的人员

　　B. 岗位评价是对性质不同岗位的评判

　　C. 在岗位评价中分类法的准确性较高

　　D. 岗位评价是对岗位相对价值的评比

20. 下列工作岗位评价的方法中,最简单的是   (　　)

　　A. 评分法   B. 序列法

　　C. 分类法   D. 因素比较法

21. 把工作分析的方法与结果成功地应用于美国国会工薪法案的是

　　　　　　　　　　　　　　　　　　　　　　　　　　　(　　)

　　A. 宾汉   B. 斯科特

　　C. 吉尔布雷思夫妇   D. 巴鲁什

22. 反映岗位对劳动者智能要求程度的岗位评价指标是   (　　)

　　A. 劳动责任   B. 劳动技能

　　C. 劳动环境   D. 劳动强度

得分	评卷人	复查人

二、多项选择题(本大题共 5 小题,每小题
2 分,共 10 分)在每小题列出的五个备
选项中至少有两个是符合题目要求
的。请将其代码填写在题后的括号
内。错选、多选、少选或未选均无分。

23. 下列选项中有关工作分析的说法正确的包括   (　　)

　　A. 人力资源管理的每个环节均需要以工作分析为基础

　　B. 工作分析是组织现代化管理的客观需要

　　C. 工作分析很难实行量化管理

　　D. 工作分析的直接结果是职务说明书

　　E. 工作评价必须建立在工作分析的基础上

24. 工作岗位横向分级应遵循的原则有　　　　　　　　　（　　）

　　A. 交叉性原则　　　　　B. 程度原则　　　　　C. 时间原则

　　D. 选择原则　　　　　　E. 单一性原则

25. 影响工作描述信度的因素包括　　　　　　　　　　　（　　）

　　A. 调查所使用的工具　　　　　B. 鉴定者自身因素

　　C. 工作本身的复杂性程度　　　D. 鉴定时的环境干扰

　　E. 统计中的疏忽和误差

26. 下列选项中属于双因素理论中"保健因素"的有　　　（　　）

　　A. 组织政策　　　　　　B. 工资待遇　　　　　C. 工作挑战性

　　D. 工作环境　　　　　　E. 成就感

27. 下列多元统计方法中,常用于工作分类领域的包括　　（　　）

　　A. 多维度量表　　　　　B. 聚类分析　　　　　C. 多元回归分析

　　D. 多因素方差分析　　　E. 典型相关关系

得分	评卷人	复查人

三、名词解释题(本大题共 5 小题,每小题 3 分,共 15 分)

28. 工作日写实　　　　29. 职级　　　　　　30. 岗位横向分级

31. 工作分析契约　　　32. 工作分析指标

得分	评卷人	复查人

四、简答题(本大题共 5 小题,每小题 6 分, 共 30 分)

33. 简述事业部式组织结构模式的优势。

34. 简述弹性工作制的优缺点。

35. 简述序列法的基本步骤。

36. 简述采用关键事件分析法时应注意的问题。

37. 简述员工恐惧的表现及解决对策。

得分	评卷人	复查人

五、计算题(本大题共 1 小题,每小题 11 分,共 11 分)

下表是 2009 年 9 月 9 日重庆某汽车维修公司对汽车修理员工作空闲的五次观察抽样调查结果,请计算员工工作空闲的发生率、上控制界限和下控制界限。

观测日期	观测次数	员工出现空闲的次数
9 月 9 日	300	62
9 月 9 日	320	68
9 月 9 日	340	72
9 月 9 日	360	76
9 月 9 日	280	42

得分	评卷人	复查人

六、案例分析题(本大题共 1 小题,每小题 12 分,共 12 分)

A 公司是成都一家大型制药上市企业。该公司在 2007 年高薪招聘 80 名本科以上的技术型人才,其中包括 20 名硕士、8 名博士。招聘时 A 公司人力资源部承诺为他们提供良好的工作环境、优越的工作条件和具有挑战性的薪水。然而工作不到一年,各类问题接踵而至:有的人抱怨专业不对口,技术优势无法发挥;有的人认为自己的才能远远超过岗位工作的要求;有的人反映工作条件并不能满足岗位工作的需要,而其他条件资源却没有被充分利用。更有甚者,在一次偶然的技术事故中,当事人以职位说明书未注明工作风险的可能性为由,推脱责任。不满情绪和换岗要求搞得 HR 经理非常迷惑,而且有几位出类拔萃的优秀员工已选择离开公司。看来,工作环境、工作条件和具有挑战性的薪水并不是促使员工安心高效工作的唯一保证。

【问题】

(1)分析该案例中出现的问题,导致的后果是什么?(4分)

(2)分析导致问题出现的原因有哪些?应该从何入手去解决?
(8分)

2010年7月高等教育自学考试
工作分析试题答案及评分参考
(课程代码06092)

一、单项选择题

1.A 2.D 3.D 4.C 5.A 6.C 7.B 8.C 9.A 10.D
11.A 12.B 13.C 14.C 15.A 16.D 17.B 18.A 19.D
20.B 21.D 22.B

二、多项选择题

23.ABE 24.BCDE 25.ABDE 26.ABD 27.ABE

三、名词解释题

28.工作日写实是指对员工整个工作日的工时利用情况(1分),按
实际时间消耗的顺序(1分),进行观察、记录和分析的一种方法(1分)。

29.职级指同一职系中(1分),职责的繁简难易、轻重大小(1分)
及任职条件要求十分相似的所有职位的集合(1分)。

30.岗位横向分级就是根据各种岗位工作的不同性质(1分),将
看似繁杂的各种岗位划分为职门、职组和职系的过程(2分)。

31.工作分析契约是指企业管理者和员工普遍存在的一种心理
认同观念(1分),即认为工作分析的结果在某种程度上相当于一种
契约,员工和管理层都必须按其所描述的那样履行工作(2分)。

32.工作分析指标是指用来解释工作分析对象的数量和质量特
征的一种操作化形式(3分)。

四、简答题

33.事业部式组织构模式的优势:

(1)适应不稳定环境下的高度变化(1分);

(2)由于清晰的产品责任和联系环节从而实现顾客满意(1分);

(3)跨职能的高度协调(1分);

(4)使各分部适应不同的地区和顾客(1分);

(5)在产品较多的大公司中效果最好(1分);

(6)有利于决策分权(1分)。

34.弹性工作制的优点是:

(1)员工可以自己掌握工作时间,为实现个人要求和组织要求的一致性创造了条件(1分);

(2)可以降低离职率和缺勤率,提高工作绩效(2分)。

弹性工作制的缺点是:

(1)每天的工作时间延长,增加了企业的公用事业费(1分);

(2)要求企业有更加复杂的管理监督系统来确保员工工作时间总量符合规定(2分)。

35.序列法的基本步骤如下:

(1)由有关人员组成评定小组,并作好各项准备工作(1分);

(2)了解情况,收集有关岗位方面的资料、数据(1分);

(3)评定人员事先确定评判标准,对本企业同类岗位的重要性逐一做出评判,最重要的排在第一位,次要的、再次要的顺序往下排列(2分);

(4)将经过所有评定人员评定的每个岗位的结果加以汇总,得到序号和。然后将序号和除以评定人数,得到每一岗位的平均序数。最后,按平均序数的大小,由小到大评定出各岗位的相对价值的次序(2分)。

36.应注意以下几个方面的问题:

(1)关键事件应具有岗位代表性(1分);

(2)关键事件的数量不能强求,识别清楚后是多少就是多少(2分);

(3)关键事件的表述应言简意赅,清晰、准确(2分);

(4)对关键事件的调查次数不宜太多(1分)。

37.员工恐惧的表现有:

(1)员工对工作分析者怀有冷淡、抵触情绪(1分);

(2)员工所提供的信息资料存在明显的出入与故意歪曲(1分)。

员工恐惧的对策有:

(1)让员工了解工作分析目的,参与工作分析活动(2分);

(2)对员工要适当承诺,消除有关顾虑(1分);

(3)工作分析结束后,应给员工一定的信息反馈(1分)。

五、计算题

解:

(1)发生率 P=出现的次数/总的观测次数(2分)

=(62+68+72+76+42)/(300+320+340+360+280)×100%

=20%(1分)

(2)$\delta = \sqrt{P \times (1-P)/N}$(2分)

=$\sqrt{0.2 \times (1-0.2)/1600}$=0.01(2分)

(3)上控制界限为:$P+3\delta = 0.2+3 \times 0.01 = 0.23$(2分)

下控制界限为:$P-3\delta = 0.2-3 \times 0.01 = 0.17$(2分)

六、案例分析题

(1)A公司出现上述问题必然导致组织效率和工作绩效的下降,而且由于优秀员工的离开,可能会导致公司核心技术、发展策略和其他重要文件的流失,给公司带来无法估量的损失;由于技术事故的发生,员工诉讼、医疗支付、赔偿和由于工作停滞发生的机会支出,同样会导致公司人力资源成本上升。(4分)

(2)A公司出现问题的可能性原因有:第一,招聘时没有进行以工作分析为基础的人才测试,仅仅注重了学历要求和技术背景;第二,安排工作时未充分考虑任职者的现实能力和岗位要求;第三,工作过程中没有实施以工作分析为基础的培训和绩效评估。由此看来,在这一过程中,工作分析起了关键作用。A公司应该在专业企管顾问公司的指导下,从工作分析入手,全面解决上述问题。(8分)

2010年10月高等教育自学考试

工作分析试卷

（课程代码 06092）

本试卷满分 100 分，考试时间 150 分钟。

总　　分		题号	一	二	三	四	五	六
核分人		题分	22	10	15	30	11	12
复查人		得分						

得分	评卷人	复查人

一、**单项选择题**（本大题共 22 小题，每小题 1 分，共 22 分）在每小题列出的四个备选项中，只有一个是符合题目要求的，请将其代码填写在题后的括号内。错选、多选或未选均无分。

1. 能够对员工产生激励作用的激励因素是员工的成就感和责任感，提出这一理论观点的是　　　　　（　　　）
   A. 闵斯特伯格　　　　　　　　B. 梅奥
   C. 泰勒　　　　　　　　　　　D. 赫兹伯格

2. 工作分析的对象是　　　　　　　　　　　　（　　　）
   A. 工作岗位　　　　　　　　　B. 工作方法
   C. 岗位相关因素及其关系　　　D. 工作职责

3. 工作分析的直接结果形式是　　　　　　　　（　　　）
   A. 工作规范　　　　　　　　　B. 工作说明书
   C. 职位描述　　　　　　　　　D. 工作描述

4. 闵斯特伯格在工作分析方面的贡献主要是　　（　　　）
   A. 发现工作分析最为重要的工作是从内行人那里获得真实而准确的信息

B. 完成了以解决人员配置为目的的工作分析方法论的研究

C. 将工程师的效率目标与心理学家的研究目标结合起来并应用到人力资源管理实践中

D. 设计出了一份优秀职员的资格说明书

5. 员工恐惧产生的根本原因是　　　　　　　　　　　　（　　　）

    A. 测量工作负荷　　　　　　　　B. 测量工作强度

    C. 工作分析的减员降薪功能　　D. 工作分析结果的不科学性

6. 工作活动中达到某一工作目的的要素集合是　　　　　（　　　）

    A. 职务　　　　　　　　　　　　B. 任务

    C. 职业　　　　　　　　　　　　D. 职责

7. 在一个正式集体中,有意形成的角色职务结构是　　　（　　　）

    A. 非正式组织　　　　　　　　B. 正式组织

    C. 组织结构　　　　　　　　　　D. 职务体系

8. 下列统计方法中,可以检验工作分析结果信度的是　　（　　　）

    A. 百分比分布　　　　　　　　B. 集中趋势分析

    C. 离散程度分析　　　　　　　　D. 关系分析

9. 主要反映岗位对劳动者智能要求程度的评价指标是　　（　　　）

    A. 劳动责任　　　　　　　　　　B. 劳动技能

    C. 劳动强度　　　　　　　　　　D. 劳动环境

10. 把工作分析的方法与结果成功应用于美国国会工薪法案的是

                                 （　　　）

    A. 宾汉　　　　　　　　　　　　B. 斯科特

    C. 吉尔布雷思夫妇　　　　　　D. 巴鲁什

11. 工作责任的设计不能大于也不能小于所授予权限的范围,这种原则称为　　　　　　　　　　　　　　　　（　　　）

    A. 目标统一原则　　　　　　　B. 组织效率原则

    C. 权责对等原则　　　　　　　　D. 平衡原则

12. 在工作中赋予员工更多的责任、自主权和控制权的岗位设计方法是　　　　　　　　　　　　　　　　　（　　　）

    A. 工作扩大化　　　　　　　　B. 工作丰富化

    C. 工作轮换　　　　　　　　　　D. 工作内容充实

13. 大学讲师与工厂的工程师属于 （　　）

    A. 同一职系   B. 同一职等

    C. 同一职组   D. 同一职级

14. 下列特征中,属于管理跨度较宽的是 （　　）

    A. 有经验但很少经过培训

    B. 能力强但少有跟下级主动沟通

    C. 工作性质复杂但不愿承担责任

    D. 授权明确但不愿开无实效会议

15. 下列有关工作岗位分级的说法中,正确的是 （　　）

    A. 岗位分级的适用范围相对较宽

    B. 岗位分级比较适合于通用性强的高级岗位

    C. 岗位分级有利于人才合理流动

    D. 岗位分级容易导致职级膨胀

16. 下列工作分析的常用方法中,广泛应用了概率和数理统计学原理的是 （　　）

    A. 职位分析问卷法   B. 测时法

    C. 工作抽样法   D. 工作写实法

17. 下列统计方法中,常被用于检验工作分析结果的是 （　　）

    A. 因素分析   B. 多元回归分析

    C. 聚类分析   D. 多维度量表

18. 工作分析的思想与活动,最早起源于 （　　）

    A. 政府管理   B. 侵略战争

    C. 工业生产   D. 社会分工

19. 下列有关岗位评价特点的表述中,正确的是 （　　）

    A. 岗位评价的中心是客观存在的"事"

    B. 岗位评价是对性质不同岗位的评判

    C. 岗位评价是对岗位相对价值的估价

    D. 岗位评价与现有员工无关

20.评分法又称为 （ ）

A.点数法 B.序列法

C.分类法 D.因素比较法

21.通过工作分析的研究,成功制订了军衔资格标准的是 （ ）

A.宾汉 B.斯科特

C.吉尔布雷思夫妇 D.巴鲁什

22.反映岗位劳动者的体力消耗和生理、心理紧张程度的岗位评价指

标是 （ ）

A.劳动责任 B.劳动技能

C.劳动环境 D.劳动强度

得分	评卷人	复查人

二、多项选择题(本大题共 5 小题,每小题 2 分,共 10 分)在每小题列出的五个备选项中至少有两个是符合题目要求的。请将其代码填写在题后的括号内。错选、多选、少选或未选均无分。

23.岗位评价的特点主要包括 （ ）

A.岗位评价是对性质不同岗位的评判

B.岗位评价的中心是客观存在的"事"

C.岗位评价是对组织中各类岗位相对价值的衡量

D.岗位评价最后要按评定结果划分出不同的等级

E.岗位评价是以工作分析为基础的

24.一份合格的职务说明书必须要达到的标准包括 （ ）

A.准确性 B.完备性 C.普遍性

D.简约性 E.可操作性

25.下列选项中可以使工作更加有趣和富有挑战性的措施包括

（ ）

A.组成自然的工作群体 B.实行任务合并

C.建立客户关系 D.员工自主控制工作进度

E.扩展工作的任务和职责

26.下列选项中属于"激励因素"的是 　　　　　　　　　　（　　）

　A.组织政策　　　　　　B.工作环境　　　　　　C.工作挑战性

　D.工资收入　　　　　　E.成就感

27.下列选项中属于描述性统计方法的包括 　　　　　　　（　　）

　A.离散程度分析　　　　B.聚类分析　　　　　　C.关系分析

　D.百分比分布　　　　　E.集中趋势分析

得分	评卷人	复查人

三、名词解释题(本大题共 5 小题,每小题 3 分,共 15 分)

28.测时法　　　29.工作分析　　　　30.岗位纵向分级

31.员工恐惧　　　32.工作分析内容标准化

得分	评卷人	复查人

四、简答题(本大题共 5 小题,每小题 6 分,共 30 分)

33.简述事业部式组织结构模式的劣势。

34.简述工作分析的意义。

35.简述分类法的工作步骤。

36.简述工作分析组织与实施的具体步骤。

37.简述影响测时结果的因素。

得分	评卷人	复查人

五、计算题(本大题共 1 小题,每小题 11 分,共 11 分)

　　下表是 2008 年 7 月 25 日长沙某食品公司对生产车间员工工作空闲的四次观察抽样调查结果,请计算员工工作空闲的发生率、上控制界限和下控制界限。

观测日期	观测次数	员工出现空闲的次数
7 月 25 日	220	18
7 月 25 日	230	28
7 月 25 日	250	30
7 月 25 日	200	14

得分	评卷人	复查人

六、案例分析题(本大题共 1 小题,每小题 12 分,共 12 分)

　　HR 经理 Cuma,刚从某外企跳槽到一家民营企业,发现企业管理有些混乱,员工职责不清,工作流程也不科学。她希望进行工作分析,重新安排组织架构。一听是外企的管理做法,老板马上点头答应,还很配合地作了宣传和动员。

　　Cuma 和工作分析小组的成员,积极筹备一番后开始行动。不料,员工的反应和态度出乎意料地不配合。“我们部门可是最忙的部门了,我一个人就要干 3 个人的活。”“我每天都要加班到 9 点以后才回去,你们可别再给我加工作量了。”

　　多方了解后,Cuma 才知道,她的前任也做过工作分析。不但做了工作分析,还立即根据分析结果进行了大调整。不但删减了大量的人员和岗位,还对员工的工作量都作了调整,几乎每个人都被分配到更多活。有了前车之鉴,大家忙不迭地夸大自己的工作量,恐惧工作分析把自己“分析掉了”。

【问题】
(1)根据本案例,你认为出现这种现象的原因在哪里?(4 分)
(2)作为人力资源主管,该如何应对员工恐惧这种情况?(8 分)

2010年10月高等教育自学考试
工作分析试题答案及评分参考
(课程代码06092)

一、单项选择题

1. D　2. C　3. D　4. A　5. C　6. B　7. B　8. C　9. B　10. D
11. C　12. B　13. B　14. D　15. D　16. C　17. C　18. D　19. C
20. A　21. B　22. D

二、多项选择题

23. BCDE　24. ABCDE　25. ABCD　26. CE　27. ACDE

三、名词解释题

28. 测时法是以工序或某一作业为对象(1分),按照操作顺序进行实地观察、记录、测量和研究工时消耗的一种方法(2分)。

29. 工作分析是一种活动或过程(1分),它是分析者采用科学的手段与技术,直接收集、比较、综合有关工作的信息(1分),为组织特定的发展战略、组织规划,为人力资源管理以及其他管理行为服务的一种管理活动(1分)

30. 岗位纵向分级是指在横向分级的基础上,根据工作繁简难易程度、责任大小以及承担岗位工作的人员所需具备的资格条件等因素(1分),对同一职(岗)系中的岗位划分出不同职(岗)级(1分),以及对不同职系中的岗位统一职(岗)等(1分)。

31. 员工恐惧是指由于员工害怕工作分析(1分)会对其已熟悉的工作环境带来变化或者会引起自身利益的损失(1分),而对工作分析小组成员及其工作采取不合作甚至敌视的态度(1分)。

32. 工作分析内容标准化是指对工作分析内容进行规范化、结构化、分解化与具体化的处理过程(3分)。

四、简答题

33.事业部式组织结构模式的劣势:

(1)失去了职能部门内部的规模发展(2分);

(2)导致产品线之间缺乏协调(1分);

(3)失去了深度竞争和技术专门化(1分);

(4)产品线间的整合与标准变得困难(2分)。

34.工作分析的意义包括:

(1)是整个人力资源开发与管理科学化的基础(1分);

(2)是提高现代社会生产力的需要(1分);

(3)是组织现代化管理的客观需要(1分);

(4)有助于实行量化管理(1分);

(5)有助于工作评价、薪酬管理及培训的科学化、规范化等(2分)。

35.分类法的工作步骤如下:

(1)由企业内专门人员组成评定小组,收集各种有关资料(1分);

(2)按照生产经营过程中各类岗位的作用和特征,将企业的全部岗位分成几个大的系统(1分);

(3)再将各个系统中的各岗位分成若干层次(1分);

(4)明确规定各档次岗位的工作内容、责任和权限(1分);

(5)明确各系统各档次岗位的资格要求(1分);

(6)评定出不同系统不同岗位之间的相对价值和关系(1分)。

36.具体步骤如下:

(1)选择工作分析人员(1分);

(2)培训工作分析人员(1分);

(3)研究和利用已有的书面资料(1分);

(4)选择过程控制方法(1分);

(5)工作分析结果的公开和发表(2分)。

37.具体影响因素如下：

(1)测时对象的技能、经验和操作水平等(1分)；

(2)设备、机器和工具的管理性及运行水平(1分)；

(3)物料的品质是否良好并受控(1分)；

(4)工作流程的合理性和工艺参数的规范性(1分)；

(5)工作现场的有序性和工作环境的保证性(2分)。

五、计算题

解：

(1)发生率 P＝出现的次数/总的观测次数(2分)

＝$(18＋28＋30＋14)/(220＋230＋250＋200)×100\%$

＝10%(1分)

(2)$\delta＝\sqrt{P×(1-P)/N}$(2分)

＝$\sqrt{0.1×(1-0.1)/900}＝0.01$(2分)

(3)上控制界限为：$P＋3\delta＝0.1＋3×0.01＝0.13$(2分)

下控制界限为：$P－3\delta＝0.1－3×0.01＝0.07$(2分)

六、案例分析题

(1)原因

工作分析的目的是为了人力资源规划,避免浪费。所以,之后还应该有跟进。但 Cuma 的前任操之过急,在工作分析后,马上进行大规模的人事调整,裁员、增加工作量,使员工对工作分析产生了误会,并把工作分析简单地等同于裁员增效的前奏。当再次进行工作分析时,员工自然是如临大敌,惴惴不安(4分)。

(2)应采取的措施

及时跟进,让员工了解工作分析的目的,参与到工作分析活动中来,并适度调整工作分析的目的。工作分析不仅仅在于核定人力资源成本,明确员工各自的工作职责和工作范围,也是为了制订合理的员工培训、发展规划；为员工提供科学的职业生涯发展咨询；这些都对员工是有很大益处的。Cuma 前任的做法过于简单粗暴，给员工带来恐惧也不足为奇。最好能按照结果分步进行全方面的调整，且调整幅度不应太大，动作也不宜过于迅速。但是，千万不能没有下文，要在工作分析结束后给员工一定的信息反馈。否则，员工会怀疑工作分析的作用和意义，下次再做时，他们不是恐惧不安，而是根本不当回事（8 分）。

2012年7月高等教育自学考试

工作分析试卷

(课程代码 06092)

本试卷满分 100 分,考试时间 150 分钟。

总 分		题号	一	二	三	四	五	六	七
核分人		题分	22	10	15	20	11	12	10
复查人		得分							

得分	评卷人	复查人

一、**单项选择题(本大题共 22 小题,每小题 1 分,共 22 分)**在每小题列出的四个备选项中,只有一个是符合题目要求的,请将其代码填写在题后的括号内。错选、多选或未选均无分。

1.详细论述了社会职业分工,将大大提高社会生产效率的思想家是
( )

    A.管仲   B.柏拉图

    C.梅奥   D.泰勒

2.人力资源开发与管理的目的和追求是   ( )

    A.经济效益最大化   B.认识人性

    C.尊重人性   D.以人为本

3.常被用于检验工作分析结果和解决工作分类问题的统计方法是
( )

    A.因素分析   B.离散程度分析

    C.聚类分析   D.多元回归分析

4. 一般常作为初创型企业过渡性组织模式的是 （　　）

   A. 事业部式组织结构模式　　　B. 区域式组织结构模式

   C. 直线式组织结构模式　　　　D. 职能式组织结构模式

5. 组织中产生员工恐惧的现实原因主要是 （　　）

   A. 测量工作负荷和强度　　　　B. 工作分析的降薪功能

   C. 工作分析的减员压力　　　　D. 工作分析结果的不科学性

6. 反映岗位对劳动者生理和心理紧张程度的评价指标是 （　　）

   A. 劳动责任　　　　　　　　　B. 劳动技能

   C. 劳动强度　　　　　　　　　D. 劳动环境

7. 由工作性质相似的若干职系构成的群体称为 （　　）

   A. 职位　　　　　　　　　　　B. 职组

   C. 职门　　　　　　　　　　　D. 职级

8. 为美国职业能力评价提出了一套生理指数体系的研究机构是

（　　）

   A. 职位研究委员会　　　　　　B. 国家研究会

   C. 社会科学研究会　　　　　　D. 政府机关改革委员会

9. 评分法又被称为 （　　）

   A. 排列法　　　　　　　　　　B. 分类法

   C. 因素比较法　　　　　　　　D. 点数法

10. 下列有关工作描述信度和效度的说法中,正确的是 （　　）

   A. 工作描述的信度就是指的其有效性如何

   B. 工作描述的效度一般用稳定性和等效性两个指标来评价

   C. 工作描述的效度高,其信度也必然高

   D. 工作描述的信度越高,越能真实反映工作本身的特征

11. 工作分析的关键部分是 （　　）

   A. 工作内容　　　　　　　　　B. 工作过程与结构

   C. 工作方法　　　　　　　　　D. 工作目的与原因

12. 下列工作分析的常用方法中,互动性和目的性都很强的是( )

    A. 职位分析问卷法   B. 关键事件分析法

    C. 面谈法   D. 工作写实法

13. 促进了军队面谈考评科学化的工作分析专家是   ( )

    A. 宾汉   B. 斯科特

    C. 巴鲁什   D. 闵斯特伯格

14. 下列选项中,属于管理跨度较窄特征的是   ( )

    A. 有工作经验但经常参加培训

    B. 能力强但主动跟下级沟通

    C. 工作性质复杂但不愿承担责任

    D. 授权明确但不愿开无实效会议

15. 工作分析的思想与实践最早发端于   ( )

    A. 社会分工   B. 侵略战争

    C. 工业生产   D. 农工文化

16. 从工作分析角度看,酒店迎宾服务员鞠躬迎接客人属于一项

                                    ( )

    A. 任务   B. 要素

    C. 职责   D. 工作

17. 下列有关岗位评价的表述中,正确的是   ( )

    A. 岗位评价的中心是现有的人员

    B. 岗位评价是对性质不同岗位的评判

    C. 在岗位评价中分类法的准确性较高

    D. 岗位评价是对岗位相对价值的评比

18. 提出"保健-激励理论"的管理学家是   ( )

    A. 梅奥   B. 赫茨伯格

    C. 泰勒   D. 麦克米克

19.将科学管理哲学与人际关系方法结合起来的岗位设计方法是

                                                               (   )

    A.工作特征模型   B.辅助工作岗位设计

    C.优秀业绩工作体系   D.弹性工作制

20.在工作分析指标体系中耗氧量属于   (   )

    A.普遍性指标   B.特殊性指标

    C.评定指标   D.综合指标

21.工作责任的设计不能大于也不能小于所授予权限的范围体现的

    是   (   )

    A.权力层次原则   B.权限分明原则

    C.职责的绝对性原则   D.权责对等原则

22.被赫茨伯格批评为"用一个零代替另一个零"的岗位设计方法是

                                          (   )

    A.工作扩大化   B.工作轮换

    C.工作丰富化   D.弹性工作制

得分	评卷人	复查人

二、多项选择题(本大题共 5 小题,每小题 2 分,共 10 分)在每小题列出的五个备选项中至少有两个是符合题目要求的。请将其代码填写在题后的括号内。错选、多选、少选或未选均无分。

23.标准的工作分析指标体系应符合的要求包括   (   )

    A.可操作性   B.普遍性   C.独立性

    D.完备性   E.简约性

24.下列选项中,属于双因素理论中"激励因素"的是   (   )

    A.组织政策   B.工作环境   C.工作挑战性

    D.工资收入   E.成就感

25.分析管理责任应考虑的因素主要有   (   )

    A.管理工作的类型   B.与其他人的合作程度

C. 被管理层的人数　　　　　D. 管理的公开程度

E. 监督的严密程度

26. 工作岗位分级的功能主要有　　　　　　　　　　　　（　　）

A. 有利于调动员工积极性

B. 是制订职务工资的基础和依据

C. 是对人员进行考核、晋升、培训的依据

D. 为员工提供了明确的职业生涯发展路线

E. 为企业合理的定岗定员提供了依据

27. 下列有关工作分析的表述中,说法正确的是　　　　　　（　　）

A. 工作分析是人力资源管理的基石

B. 工作分析是组织现代化管理的客观需要

C. 工作分析比人力资源管理其他工作重要

D. 工作分析是提高现代社会生产力的需要

E. 工作分析有助于实行量化管理

得分	评卷人	复查人

三、名词解释题(本大题共 5 小题,每小题 3 分,共 15 分)

28. 测定指标　　　29. 员工恐惧　　　30. 工作日写实

31. 岗位评价　　　32. 组织设计

得分	评卷人	复查人

四、简答题(本大题共 4 小题,每小题 5 分,共 20 分)

33. 简述组织结构无效的特征。

34. 简述解决员工恐惧的对策。

35. 简述工作分析的组织与实施步骤。

36. 简述工作特征模型的优缺点。

得分	评卷人	复查人

五、论述题(本大题共 1 小题,每小题 11 分,共 11 分)

37.论述岗位评价的一般步骤。

得分	评卷人	复查人

六、计算题(本大题共 1 小题,每小题 12 分,共 12 分)

下表是 2011 年 11 月 12 日深圳某企业对电池卷绕岗位某位员工进行测时的 4 次有效原始记录数据,请用算术平均法计算这位员工的标准工时以及正误差率、负误差率(保留小数点后两位)。

测时原始有效记录(单位:秒)

工序名称	测时次数 1	测时次数 2	测时次数 3	测时次数 4
插片	0.6	0.8	1.0	0.9
卷绕	1.4	1.6	1.8	1.2
压实	1.4	1.2	1.8	1.8
装杯	2.8	3.2	2.5	2.7
卸载	1.3	1.9	2.0	1.7

得分	评卷人	复查人

七、案例分析题(本大题共 1 小题,每小题 10 分,共 10 分)

A 公司是一家大型的家用电器集团公司。由于近年来公司发展过于迅速,人员也飞速增长,因此许多问题也逐渐暴露出来。表现比较突出的问题就是岗位职责不清,有的事情没有人管,有的事情大家都在管,同时又出现推诿扯皮的现象。现在公司使用的岗位职责说明已经是几年前的版本了,可实际情况却已经发生了很大变化,因此根本就无法起到指导工作的作用。由于没有清晰的岗位职责,因此各个岗位上的用人标准也比较模糊。这样,人员的招聘选拔、提升方法就全凭领导的主观意见了,公司的薪酬体系也无法与岗位的价值相对等。员工在这些方面意见很大,士气也有所下降。最近,公司进行了一系列重组工作,年轻有为的新的高层团队也开始发挥作用,他们看到公司目前面临的问题,决定请专业的咨询顾问进行一次系统的人力资源管理诊断和设计工作。

如果你是咨询顾问,你将怎么开始工作?

2012年7月高等教育自学考试
工作分析试题答案及评分参考

（课程代码06092）

一、单项选择题

1. B　2. D　3. C　4. C　5. A　6. C　7. B　8. B　9. D　10. C
11. B　12. C　13. B　14. C　15. A　16. B　17. D　18. B　19. C
20. A　21. D　22. B

二、多项选择题

23. ABCDE　24. CE　25. ACD　26. ABCDE　27. ABDE

三、名词解释题

28. 测定指标是指运用各种测量仪器、问卷表或工具(2分)可以直接测出或计算出结果的指标(1分)。

29. 员工恐惧是指由于员工害怕工作分析(1分)会对其已熟悉的工作环境带来变化或者会引起自身利益的损失(1分),而对工作分析小组成员及其工作采取不合作甚至敌视的态度(1分)。

30. 工作日写实是指对员工整个工作日的工时利用情况(1分),按实际时间消耗的顺序(1分),进行观察、记录和分析的一种方法(1分)。

31. 岗位评价是在工作分析的基础上,按照一定的客观标准(1

分),对岗位相对价值所进行的系统衡量、评比和估价的过程(2分)。

32.组织设计是企业变革的重要手段(1分),为有效实现组织目标,规划并确定员工工作职能及其相互影响、联系、协作和沟通模式的过程(2分)。

四、简答题

33.组织结构无效的特征一般包括:

(1)决策和反应速度迟缓(1分);

(2)信息沟通和传递困难(1分);

(3)职位和职能交叉(1分);

(4)工作低效率(1分);

(5)过多的工作冲突(1分)。

34.解决员工恐惧的对策一般包括:

(1)事前做好准备,消除员工顾虑(1分);

(2)阐明工作分析目的,员工参与工作分析活动(1分);

(3)适当承诺,给工吃"定心丸"(1分);

(4)反馈信息,员工明确工作职责与权限(1分);

(5)重视工作分析的结果在企业的应用,提高员工的参与性(1分)。

35.工作分析的组织与实施步骤:

(1)选择工作分析人员(1分);

(2)培训工作分析人员(1分);

(3)研究和利用已有的书面资料(1分);

(4)选择过程控制方法(1分);

(5)工作分析结果的公开和发表(1分)。

36.工作特征模型的优点是:

(1)认识到员工在社会需要方面的重要性(1分);

(2)可以提高员工的动力、满意度和生产率(1分)。

工作特征模型的缺点是:

(1)成本和事故率比较高(1分);

(2)必须依赖管理人员来控制(1分);

(3)在技术上多工作岗位设计没有多少具体的指导意义(1分)。

五、论述题

37.岗位评价的一般步骤通常为:

(1)按岗位的工作性质,先将企业的全部岗位划分为若干大、中、小三类(1分)。

(2)收集有关岗位的各种信息,既包括岗位过去的,也要包括现今的;既应当有各种文字性资料,也应当有其他类型的资料(2分)。

(3)建立由岗位分析评价专家组成的岗位评价小组,培训有关的评价人员,使他们系统地掌握岗位评价的基本理论和实施方法(1分)。

(4)制订出具体工作计划,确定详细实施方案(1分)。

(5)在广泛收集资料的基础上,找出与岗位有直接联系、密切相关的各种因素(1分)。

(6)规定统一的衡量评比标准,设计有关调查问卷和表格(1分)。

(7)先在几个重要岗位进行试点,以便总结经验,发现问题,采取对策,及时纠正(1分)。

(8)全面实施,包括岗位测定、资料整理汇总、数据处理分析等具体工作过程(1分)。

(9)最后撰写出企业单位各个层级岗位的评价报告书,提供给各有关部门(1分)。

(10)对岗位评价工作进行全面总结(1分)。

六、计算题

解:

(1)用算术平均法计算标准工时的公式为:

$$T_{标准} = (T_1 + T_2 + T_3 + \cdots\cdots + T_n)/N$$
$$= (7.5 + 8.7 + 9.1 + 8.3)/4 = 8.40(秒)(4分)$$

(2)正误差率 $K_1 = (T_{最大} - T_{标准})/T_{标准} \times 100\%$
$$= (9.1 - 8.4)/8.4 \times 100\% = 8.33\%(4分)$$

(3)负误差率 $K_2 = (T_{最小} - T_{标准})/T_{标准} \times 100\%$

$\qquad\qquad = (7.5 - 8.4)/8.4 \times 100\% = -10.71\%$(4 分)

七、案例分析题

如果我是咨询顾问,将准备从以下三个方面开展工作:

(1)由于工作分析是各项人力资源管理工作的基础,因此建议首先从工作分析入手(3 分);

(2)通过工作分析,使 A 公司各个职位的职责、权限、主要的工作绩效指标和任职者基本要求等内容得到明确清晰的界定,为各项人力资源管理工作打下基础(4 分);

(3)在此过程中,理顺和调整一些不合理的岗位职责设置,并将新增加的岗位信息及时补充进去(3 分)。

2012 年 10 月高等教育自学考试

工作分析试卷

（课程代码 06092）

本试卷满分 100 分，考试时间 150 分钟。

总　分		题号	一	二	三	四	五	六	七
核分人		题分	22	10	15	20	11	12	10
复查人		得分							

得分	评卷人	复查人

一、单项选择题（本大题共 22 小题，每小题 1 分，共 22 分）在每小题列出的四个备选项中，只有一个是符合题目要求的，请将其代码填写在题后的括号内。错选、多选或未选均无分。

1. 把工作分析列为科学管理五大原则之首的思想家是 （　）
   A. 管仲　　　　　　　　　B. 柏拉图
   C. 色诺芬　　　　　　　　D. 泰勒

2. 人力资源开发与管理制度制订的前提和出发点是 （　）
   A. 人性特点　　　　　　　B. 环境约束
   C. 经济利益　　　　　　　D. 时代特征

3. 可以检验从事某个特定工作的任职者相互间在多大程度上进行重复性工作的常用统计方法是 （　）
   A. 因素分析　　　　　　　B. 聚类分析
   C. 离散程度分析　　　　　D. 多元回归分析

4. 能满足职能和产品双重要求的组织模式是 （　）
   A. 矩阵式组织结构模式　　B. 区域式组织结构模式

C. 事业部式组织结构模式　　　D. 职能式组织结构模式

5. 组织中产生员工恐惧的根本原因主要是　　　　　　　（　　）

A. 测量工作负荷　　　　　　　B. 测量工作强度

C. 工作分析的减员降薪功能　　D. 工作分析结果的不科学性

6. 主要反映岗位劳动者智力付出和心理状态的评价指标是　（　　）

A. 劳动责任　　　　　　　　　B. 劳动技能

C. 劳动强度　　　　　　　　　D. 劳动环境

7. 由工作性质和特征相近的若干职组构成的系列称为　　（　　）

A. 职位　　　　　　　　　　　B. 职系

C. 职门　　　　　　　　　　　D. 职级

8. 将工作分析的成果成功应用于美国国会工薪法案的是　（　　）

A. 宾汉　　　　　　　　　　　B. 斯科特

C. 吉尔布雷思夫妇　　　　　　D. 巴鲁什

9. 序列法又被称为　　　　　　　　　　　　　　　　　（　　）

A. 排列法　　　　　　　　　　B. 分类法

C. 因素比较法　　　　　　　　D. 点数法

10. 下列选项中,不能反映工作描述信度的是　　　　　　（　　）

A. 可靠性　　　　　　　　　　B. 稳定性

C. 有效性　　　　　　　　　　D. 等效性

11. 工作中,应该遵循何种标准和惯例属于　　　　　　　（　　）

A. 工作内容　　　　　　　　　B. 工作过程与结构

C. 工作方法　　　　　　　　　D. 工作目的与原因

12. 下列工作分析的常用方法中,广泛应用了概率和数理统计学原理
的是　　　　　　　　　　　　　　　　　　　　　　（　　）

A. 职位分析问卷法　　　　　　B. 测时法

C. 工作抽样法　　　　　　　　D. 工作写实法

13. 编制了军官任职技能说明书的工作分析专家是　　　（　　）

A. 宾汉　　　　　　　　　　　B. 斯科特

C. 巴鲁什　　　　　　　　　　D. 闵斯特伯格

14. 下列选项中,属于管理跨度较宽特征的是 （ ）

    A. 有经验但很少经过培训

    B. 能力强但少有跟下级主动沟通

    C. 工作性质复杂但不愿承担责任

    D. 授权明确但不愿开无实效会议

15. 提出了四民分业定居论的中国古代思想家是 （ ）

    A. 荀子　　　　　　　　　B. 孟子

    C. 管仲　　　　　　　　　D. 孔子

16. 大学讲师与研究所助理研究员属于同一 （ ）

    A. 职组　　　　　　　　　B. 职级

    C. 职等　　　　　　　　　D. 职业

17. 下列有关岗位评价特点的表述中,正确的是 （ ）

    A. 岗位评价的中心是客观存在的"事"

    B. 岗位评价是对性质不同岗位的评判

    C. 岗位评价是对岗位相对价值的估价

    D. 岗位评价与现有员工无关

18. 提出著名的双因素理论的管理学家是 （ ）

    A. 梅奥　　　　　　　　　B. 赫茨伯格

    C. 泰勒　　　　　　　　　D. 麦克米克

19. 缩短工作周期和弹性工作制属于 （ ）

    A. 工作特征模型法　　　　B. 辅助工作岗位设计法

    C. 优秀业绩工作体系法　　D. 人际关系方法

20. 在工作分析指标体系中通风照明等指标属于 （ ）

    A. 普遍性指标　　　　　　B. 特殊性指标

    C. 状态指标　　　　　　　D. 结果指标

21. 每个管理人员应该在其职权范围内独立做出决策,体现的是

    （ ）

    A. 权力层次原则　　　　　B. 权限分明原则

    C. 职责的绝对性原则　　　D. 权责对等原则

22.被赫茨伯格批评为"用一个零加上一个零"的岗位设计方法是

( )

　　A.工作扩大化　　　　　　　B.工作轮换

　　C.工作丰富化　　　　　　　D.弹性工作制

得分	评卷人	复查人

二、多项选择题(本大题共 5 小题,每小题 2 分,共 10 分)在每小题列出的五个备选项中至少有两个是符合题目要求的。请将其代码填写在题后的括号内。错选、多选、少选或未选均无分。

23.工作分析指标的构成要素包括 ( )

　　A.定义　　B.名称　　C.标度　　D.注释　　E.标志

24.下列选项中,属于双因素理论中"保健因素"的有 ( )

　　A.组织政策　　　　B.工资待遇　　　　C.工作挑战性

　　D.工作环境　　　　E.成就感

25.分析非管理责任应考虑的因素主要有 ( )

　　A.损坏费用的估计　　　　　B.与其他人的合作程度

　　C.被管理层的人数　　　　　D.管理对象的熟练程度

　　E.监督的严密程度

26.工作岗位横向分级应遵循的原则有 ( )

　　A.交叉性原则　　　　B.程度原则　　　　C.时间原则

　　D.选择原则　　　　E.单一性原则

27.下列有关工作分析作用的表述中,说法正确的是 ( )

　　A.工作分析有利于选拔任何合格的人员

　　B.工作分析有利于提高工作效率

　　C.工作分析有利于制订合理的人员培训方案

　　D.工作分析有利于改善工作设计和工作环境

　　E.工作分析可以为职业指导提供有效信息

得分	评卷人	复查人

三、名词解释题(本大题共 5 小题,每小题 3 分,共 15 分)

28.工作分析内容标准化   29.工作分析契约

30.测时法   31.岗位纵向分级   32.劳动强度

得分	评卷人	复查人

四、简答题(本大题共 4 小题,每小题 5 分,共 20 分)

33.简述充实工作内容的原则。

34.简述工作岗位分级的缺陷。

35.简述工作分析准备工作的基本步骤。

36.简述工作丰富化的具体措施。

得分	评卷人	复查人

五、论述题(本大题共 1 小题,每小题 11 分,共 11 分)

37.论述员工恐惧对工作分析的影响。

得分	评卷人	复查人

六、计算题(本大题共 1 小题,每小题 12 分,共 12 分)

下表是 2011 年 11 月 12 日深圳某企业对电池卷绕岗位某位员工进行测时的 4 次有效原始记录数据,请用中位值法计算这位员工的标准工时以及正误差率、负误差率(保留小数点后两位)。

测时原始有效记录(单位:秒)

工序名称	测时次数 1	测时次数 2	测时次数 3	测时次数 4
插片	0.6	0.8	1.0	0.9
卷绕	1.4	1.6	1.8	1.2
压实	1.4	1.2	1.8	1.8
装杯	2.8	3.2	2.5	2.7
卸载	1.3	1.9	2.0	1.7

得分	评卷人	复查人

七、案例分析题(本大题共 1 小题,每小题 10 分,共 10 分)

一个机床操作工把大量的机油洒在他机床周围的地面上,车间主任叫操作工把洒掉的机油清扫干净,操作工拒绝执行,理由是工作说明书里并没有包括清扫的条文。车间主任顾不上去查工作说明书上的原文,就找来一名服务工来做清扫。但服务工同样拒绝,他的理由是工作说明书里也没有包括这一类工作。车间主任威胁说要把他解雇,因为这种服务工是分配到车间来做杂务的临时工。服务工勉强同意,但是干完之后立即向公司投诉。

有关人员看了投诉后,审阅了三类人员的工作说明书:机床操作工、服务工和勤杂工。机床操作工的工作说明书规定:操作工有责任保持机床的清洁,使之处于可操作状态,但并未提及清扫地面。服务工的工作说明书规定:服务工有责任以各种方式协助操作工,如领取原材料和工具,随叫随到,及时服务,但也没有明确写明包括清扫工作。勤杂工的工作说明书中确实包含了各种形式的清扫,但是他的工作时间是从正常工人下班后开始。

【问题】

1.案例中出现的主要问题是什么?(3分)

2.对不同的责任对象,应该采用何种方式处理?(4分)

3.你认为该公司在管理上,有何需改进之处?(3分)

2012年10月高等教育自学考试
工作分析试题答案及评分参考
(课程代码06092)

一、单项选择题

1. D 2. A 3. C 4. A 5. C 6. A 7. C 8. D 9. A 10. C
11. C 12. C 13. B 14. D 15. C 16. C 17. C 18. B 19. B
20. C 21. C 22. A

二、多项选择题

23. ABCDE 24. ABD 25. ABE 26. BCDE 27. ABCDE

三、名词解释题

28. 工作分析内容标准化是指对工作分析内容进行规范化、结构化、分解化(2分)与具体化的处理过程(1分)。

29. 工作分析契约是指企业管理者和员工普遍存在的一种心理认同观念(1分),即认为工作分析的结果在某种程度上相当于一种契约,员工和管理层都必须按其所描述的那样履行工作(2分)。

30. 测时法是以工序或某一作业为对象(1分),按照操作顺序进行实地观察、记录、测量和研究工时消耗的一种方法(2分)。

31. 岗位纵向分级是指在横向分级的基础上,根据工作繁简难易程度、责任大小以及承担岗位工作的人员所需具备的资格条件等因素(2分),对同一职(岗)系中的岗位划分出不同职(岗)级(1分),以及对不同职系中的岗位统一职(岗)等(1分)。

32. 劳动强度是指劳动者所从事的劳动的繁重(1分)、紧张(1分)或密集程度(1分)。

四、简答题

33. 充实工作内容的原则一般包括:

(1)增加工作要求(1分);

(2)赋予员工更多的责任(1分);

(3)赋予员工工作自主权(1分);

(4)反馈(1分);

(5)培训(1分)。

34.工作岗位分级的缺陷包括:

(1)岗位分级的适用范围相对较窄(1分);

(2)岗位分级结构的严密性,可能会给企业的人力资源管理活动带来诸多的不便(2分);

(3)岗位分级的工作需要一定的投入(2分)。

35.工作分析准备工作的基本步骤:

(1)确定分析目标以及决定所需要的专门信息(1分);

(2)取得认同和合作(1分);

(3)明确工作分析人员的责任(1分);

(4)评估与计划(1分);

(5)估计需要的工时和分析人员人数(1分)。

36.工作丰富化的具体措施有:

(1)任务合并(1分);

(2)形成自然工作单位(1分);

(3)建立客户关系(1分);

(4)纵向分配工作(1分);

(5)开辟反馈渠道(1分)。

五、论述题

37.员工恐惧对工作分析的影响如下。

(1)对工作分析实施过程的影响。由于员工害怕工作分析对自己的现存利益造成威胁,可能会对工作分析小组的工作产生抵触情绪,不支持访谈,让信息收集工作难以进行下去。(3分)

(2)对工作分析结果可靠性的影响。员工认为工作分析是为裁员和增效减薪而实施的,所以员工提供的信息可能是虚假的,工作分析专家在此基础上产生的职务说明书和工作规范的可信度值得怀疑。(2分)

(3)对工作分析结果应用的影响。工作分析结果的不可靠性必然影响应用中产生的具体效果。根据不符合实际的职务说明书和工作规范安排培训计划,进行绩效考核以及再据此对员工进行奖惩、升

降,都不可能带来预想的成效,不利于公司的发展。(3分)

六、计算题

解:

(1)用中位值法计算标准工时的公式为:

$$T_{标准}=(T_{最大}+T_{最小})/2$$
$$=(7.5+9.1)/2=8.30(秒)(4分)$$

(2)正误差率 $K_1=(T_{最大}-T_{标准})/T_{标准}\times100\%$
$$=(9.1-8.3)/8.3\times100\%=9.64\%(4分)$$

(3)负误差率 $K_2=(T_{最小}-T_{标准})/T_{标准}\times100\%$
$$=(7.5-8.3)/8.3\times100\%=-9.64\%(4分)$$

七、案例分析题

(1)该案例中的主要问题是:

车间的工作分析没有做好,没有明确界定清楚操作工、服务工和勤杂工的职责任务,导致职责权限出现真空,谁都不想去承担(3分)。

(2)对不同责任对象的处理方式:

对车间本身的工作任务要重新进行定义,对工作说明书进行修改,使之合理化;(1分)

对服务工以表扬为主,适当地给予奖励(如给些加班费),但要告诫他应完成车间主任交给的任务(1分);

对操作工要批评教育,应向他指出:把机油洒在机床周围的地上并拒绝清扫是错误的,他的行为缺乏主人翁精神(1分)。

对车间主任也要批评,他在处理工作方面主观臆断,不够细心(1分)。

(3)需要改进的地方:

要根据实际情况制订出较为科学合理的工作说明书;进一步提高领导水平;提倡爱岗敬业、发扬团结协作的精神,以期在发生类似事件时,能顺利地加以解决(3分)。